COMPRENDRE LE SUICIDE

paramètres

Brian L. Mishara et Michel Tousignant

COMPRENDRE LE SUICIDE

Les Presses de l'Université de Montréal

Catalogage avant publication de la Bibliothèque nationale du Canada
Mishara, Brian L.
Comprendre le suicide
(Paramètres)
Comprend des réf. bibliogr.

ISBN 978-2-7606-1872-5

1. Suicide.
2. Comportement suicidaire.
3. Suicidés — Psychologie.
4. Suicide — Prévention.

I. Tousignant, Michel.
II. Titre.
III. Collection

HV6545.M52 2004 362.28 C2004-940337-0

Dépôt légal : 2e trimestre 2004
Bibliothèque nationale du Québec

Les Presses de l'Université de Montréal remercient de leur soutien financier le ministère du Patrimoine canadien, le Conseil des Arts du Canada et la Société de développement des entreprises culturelles du Québec (SODEC).

RÉIMPRIMÉ AU CANADA

CHAPITRE 1

Le suicide : les façons de le comprendre hier et aujourd'hui

LE SUICIDE DE L'ANTIQUITÉ AU MOYEN ÂGE

LA QUESTION DU SUICIDE a été discutée par de nombreux philosophes et historiens de l'Antiquité grecque et romaine, et les chroniques de l'époque font état de plus de 1 200 suicides. C'est peut-être peu pour une aussi longue période historique mais cela exprime un intérêt constant pour ce phénomène chez les penseurs de l'époque. Les motifs attribués au suicide dans ces écrits sont très divers. Si certains ressemblent aux motivations contemporaines, d'autres s'en démarquent significativement. Les principales raisons pour se donner la mort durant l'Antiquité étaient le mépris de la vie, la fuite des maux associés au grand âge, la défense de la chasteté, la perte d'un objet d'amour et la dévotion à la patrie.

Plusieurs textes des penseurs grecs défendent le suicide comme solution lorsque la dignité de la personne est en cause, sans pour autant laisser celle-ci au libre arbitre de chacun. Les Stoïciens et les Épicuriens tolèrent une certaine forme de suicide par compassion si, par exemple, une souffrance physique ou morale devient insupportable. La mort de Socrate pose pourtant une grande question sur les limites de l'acceptable. Rappelons que le célèbre philosophe et pédagogue s'est enlevé la vie en buvant la ciguë pour protéger son honneur au moment où il était menacé d'une peine de mort à laquelle il aurait pourtant pu échapper, selon ses disciples. Socrate et quelques grands auteurs comme Platon et Aristote défendent pourtant l'idée que la vie appartient aux dieux et que le suicide est condamnable parce que notre sort relève uniquement du pouvoir divin. Cet argument deviendra quelques siècles plus tard la pierre d'assise de la position de l'Église. Les historiens rappellent cependant que la position de Platon demeure fort ambiguë dans ses Dialogues et qu'il y démontre une attitude plus tolérante.

À Rome, les positions sont tout aussi diverses et nuancées, prônant à l'occasion la mort de soi lorsque la vie devient indigne, mais la condamnant si elle prive la Cité d'un membre utile. Ainsi, le suicide d'un soldat, d'un esclave ou d'une veuve n'est pas toléré. Pline le Jeune avoue son admiration pour ces vieillards qui ont le courage de mettre fin aux douleurs dégradantes de la maladie qui les accable. On pourra lire par contre dans la mort de Sénèque le présage d'une certaine forme de suicide existentiel, occasionné par le dégoût de la vie ou de soi-même. Mais, comme dans le cas de Socrate, il existe des circonstances atténuantes si l'on retient qu'il a été persécuté par Néron. Certes, on peut dénoter à l'époque de nombreux éloges pour le courage de ceux qui voudraient fuir un monde qui court à sa perte, mais ces réflexions ont rarement mené leurs auteurs au geste final. Le premier siècle de l'ère romaine verra de nombreux suicides ayant pour base des motifs politiques et il sera d'usage pour certains condamnés à mort de se suicider afin de protéger leur héritage de la confiscation, loi qui s'applique à la suite de la peine capitale mais non dans le cas du suicide. Les lois de l'Empire romain se resserreront cependant aux IIe et IIIe siècles et le suicide bénéficiera désormais d'une moins grande tolérance. Cette transformation des mœurs prend forme bien avant l'influence déterminante du christianisme, pour des raisons qui demeurent encore obscures aux yeux des historiens. La menace grandissante des populations barbares et la baisse démographique pourraient en être la cause principale.

La position de l'Église chrétienne au sujet du suicide n'a pas été clairement énoncée durant les premiers siècles de l'ère des martyrs, d'autant plus que certains d'entre eux ont visiblement voulu hâter leur mort pour se rapprocher de Dieu. Le détachement par rapport à la vie terrestre affiché par Jésus dans les paroles que lui prête l'évangéliste Jean exprime l'idée que le monde est haïssable et que le royaume de Dieu lui est de loin préférable. L'Église demeure donc ambivalente face à ces martyrs volontaires qui n'encourent que des réprobations hésitantes tout en inspirant de l'admiration puisqu'ils font le don de soi au profit d'une cause noble.

Au IVe siècle, saint Augustin donne un tournant nouveau à la théologie chrétienne et il condamne sans exception la mort volontaire. Il intervient alors pour contrer une pratique hérétique des Donatistes qui encourageaient leurs membres à se jeter du haut d'un lieu élevé afin de hâter le rapprochement avec Dieu. Les suicides antérieurs de personnages canonisés telle sainte Pélagie, morte pour protéger sa pureté, indisposent cependant son argumentation et il est contraint de reconnaître qu'il vaut tout de même mieux se laisser mourir de faim que de consommer des viandes offertes aux idoles. Parallèlement au système politique romain qui se durcit et qui s'appuie sur une idéologie de plus en plus totalitaire face à l'insécurité provoquée par les menaces barbares, le christianisme développe une position claire de refus face au suicide. Elle excusera néanmoins des cas particuliers où le jugement est envahi par la folie, et encore, ce sera à la condition que la conduite du malheureux ait été honorable avant la perte totale de la raison.

À la fin du Moyen Âge, saint Thomas reprendra le débat et il développera ses principes seulement après avoir évoqué dans sa *Somme théologique* les arguments en faveur et en défaveur du suicide. Sa conclusion est irrévocable et sera à la base des arguments évoqués par l'Église jusqu'à maintenant. La condamnation est formelle : le suicide est un crime contre la nature et l'instinct de survie, contre la société qui requiert nos services et, surtout, contre Dieu qui est le propriétaire de chaque vie humaine. Il ne fera qu'une exception pour excuser le suicide altruiste de Samson dans le récit biblique, cas qui soulevait de très nombreux débats à l'époque.

L'ATTITUDE DES RELIGIONS

Les grandes religions de l'histoire de l'humanité condamnent universellement la pratique du meurtre et c'est ce principe qui détermine par voie de conséquence leur position par rapport au meurtre de soi. Il y a évidemment de temps à autre des cas exceptionnels qui poussent les arguments théologiques à leur limite.

L'islam a probablement été la religion qui a laissé le moins d'équivoque quant à sa condamnation irrévocable du suicide. La force et la clarté de l'interdit ne laissent pas de doute et les faibles taux de suicide des pays islamiques attestent de son efficacité. L'argument est que l'homme doit se soumettre en tout temps à la volonté d'Allah et s'enlever la vie constitue un crime de lèse-majesté envers Allah, crime encore plus horrible que l'homicide et condamné explicitement dans la charia. Il n'empêche que W. M. Watt, dans son livre *Muhammad at Mecca* se fonde sur des écrits d'az-Zhuhri pour prétendre que le prophète a été la proie d'épisodes mélancoliques au cours de certaines périodes de sa vie et cette grande détresse lui aurait donné la tentation de se suicider. Un premier incident aurait eu lieu lorsqu'il aurait été visité par un esprit se déclarant être l'ange Gabriel et qu'il aurait apparemment été saisi de panique. Il se serait alors rendu au sommet d'une montagne dans l'intention de se jeter en bas d'une falaise et ce serait l'intervention même de l'ange qui l'en aurait empêché. À l'époque contemporaine, les attaques kamikazes au cours desquelles des personnes se donnent la mort en attaquant des cibles civiles ou militaires, comme en Palestine, semblent contredire la position de l'islam par rapport au suicide. Certains chefs religieux qualifient cependant ces kamikazes de martyrs et leur assurent le salut.

Le judaïsme s'est traditionnellement opposé au suicide pour des raisons similaires à celles invoquées par l'islam, à savoir que la vie est soumise à la volonté de Dieu. Le Talmud rappelle que ce type de meurtre annule l'acte créateur de Dieu, qu'il témoigne d'une non-reconnaissance de l'immortalité de l'âme en même temps qu'il enlève toute possibilité de pardon. Les lois juives du Halachah n'accordent pas tous les droits de sépulture au cadavre des suicidés et, encore aujourd'hui, dans certains cimetières juifs dont il ne doit pas demeurer beaucoup d'exemples, on enterre leur corps en bordure du terrain. Cependant, plusieurs rabbins adoucissent ce traitement en ne considérant comme suicide que les situations où les personnes annoncent l'imminence de leur acte et passent immédiatement à l'action. À la limite, les gens qui souffrent d'un mal physique ou moral extrême ne sont pas considérés en pleine possession de leur esprit et ne sont donc pas tenus responsables de leurs actes. Les exégètes de la Bible doivent cependant débattre du bien-fondé du suicide du roi Saul au moment d'être capturé par l'ennemi et de Samson qui est mort en faisant s'écrouler le temple.

Le christianisme et le catholicisme en particulier ont entretenu une position assez intransigeante jusqu'au xxe siècle en refusant la sépulture aux cadavres des suicidés. Récemment, cette attitude s'est adoucie grâce à l'influence des sciences sociales et de la psychologie. Il est vrai que dans son encyclique *Evangelium vitæ*, publiée en 1995, le pape Jean-Paul II reprend les arguments théologiques traditionnels pour condamner le suicide sous sa forme objective. Son texte s'accompagne cependant d'une concession importante puisqu'il reconnaît que des forces psychologiques, sociales et culturelles peuvent enlever au sujet toute responsabilité subjective. Le texte prononce également une condamnation de l'euthanasie et du suicide assisté. Les églises protestantes condamnent en grande majorité le suicide pour des raisons similaires tout en témoignant de la compassion et une attitude charitable à l'égard des cas concrets. On assiste occasionnellement à des prises de positions favorables, comme celle émise par le diocèse épiscopal de Newark qui reconnaît la moralité du suicide lorsque la vie a perdu sa valeur. Au Québec, les homélies prononcées aux funérailles par les membres de la famille et les amis du suicidé peuvent contenir à l'occasion des hommages assez particuliers à l'égard du décédé ainsi qu'un discours de légitimation de l'acte.

Les religions orientales, en particulier l'hindouisme, se pratiquent dans un contexte institutionnel moins hiérarchique et dogmatique et donnent lieu à des approches du problème d'autant plus diverses que la définition du suicide y est moins explicite. Dans son histoire du suicide en Inde, Thakur rapporte que plusieurs personnages des livres sacrés, soit les textes des Veda et des Upanishad, se donnent la mort pour des motifs à la fois religieux et séculiers. Toutefois, durant la période des livres des Dharmasastra, le suicide est présenté comme un péché grave, menant à la privation de sépulture et à une condamnation à passer 60 000 ans dans les noirceurs de l'enfer. La société hindoue tend aussi à considérer certaines situations davantage comme un sacrifice que comme un suicide, en particulier lorsque les buts de la vie ont été atteints et que la vie n'est plus perfectible. Une forme traditionnelle du suicide religieux consistait autrefois à se jeter sous les roues du chariot du dieu Jagannatha. La figure emblématique du suicide en Inde est certes celle du sati ou de la veuve qui se jette dans le brasier en train de consumer le corps de son époux défunt. Si ce type de mort a touché l'âme populaire en sacralisant le rapport de l'épouse à son mari qui doit transcender la mort, il n'a jamais été sanctionné religieusement et on ignore l'importance de son étendue avant sa prohibition par le régime anglais en 1892. Récemment, la recrudescence de cette tradition a soulevé un débat de société important et on a pu observer que plusieurs cas étaient en vérité des homicides, la veuve étant poussée sur le bûcher par les membres de la belle-famille dont les motifs ne sont pas toujours des plus vertueux. Malgré cette relative tolérance de l'Inde à l'égard du suicide, ce pays demeure encore un des rares à le condamner dans ses lois; encore en 1996, celles-ci ont été l'objet de débats, mais elles n'ont subi aucune modification. Il faut préciser que ces lois demeurent lettre morte en pratique et que les responsables sont plus portés à témoigner de la compassion qu'à entreprendre des poursuites judiciaires.

Le bouddhisme est probablement le courant religieux qui offre les positions les moins arrêtées par rapport à la question du suicide. Il serait acceptable que des personnes en état de sainteté se donnent la mort, selon certains exégètes occidentaux. Ce n'est pas le cas du commun des mortels. La raison en est que les Nobles ont atteint leur point de nirvana et échappé au cycle de la réincarnation. De plus, leurs actions ont cessé d'être sous l'emprise du désir. L'un des cas d'espèce est celui du moine Chenna qui s'est tranché la gorge pour s'arracher à un mal de tête insupportable. Le geste a donné lieu à un débat casuistique parce qu'il ne conviendrait pas en théorie à un saint de s'enlever la vie dans de telles circonstances. Le moine a été exonéré par le Bouddha lui-même, et on se dispute à savoir s'il a atteint le nirvana à l'instant même de la mort ou au moment où il était en train de compléter son geste. À l'époque contemporaine, certains moines vietnamiens se sont immolés par le feu pour marquer leur désaccord envers la guerre et l'occupation américaine, pratique dont certains soutiennent même qu'elle a été inspirée par un exemple français alors que des jeunes gens avaient agi de la sorte, en 1966, pour protester contre la guerre du Biafra au Nigeria et décrier la mort des enfants par la famine qui avait fait l'objet de nombreux reportages dans les magazines à grand tirage de l'époque. Les moines vietnamiens ont voulu cependant dissocier leur action d'un suicide et le présenter comme un sacrifice pour le bien de l'humanité. Avant de mourir, ils ont pris la précaution d'enjoindre formellement leurs disciples à ne pas les suivre dans cette voie. Il y a un rappel de cette pratique par certains moines actuellement au Vietnam parce qu'ils appartiennent à des regroupements du bouddhisme sanctionnés par les autorités communistes.

LES THÉORIES CONTEMPORAINES

Approches philosophiques

Si le suicide pose le problème de la liberté de l'homme face à son destin et celui de son affranchissement à l'égard des impératifs religieux, il est curieux que le suicide n'ait pas suscité autant de débats dans la philosophie contemporaine. Non pas qu'il en ait été absent, loin de là, mais le suicide, à quelques rares exceptions, n'est pas dans l'ensemble considéré comme un problème prioritaire par les philosophes sérieux et ce sont davantage les gens de lettres qui s'en sont préoccupés à l'occasion d'essais sur le sens de l'existence.

On évoque d'emblée l'écrivain français Albert Camus, qui avait déclaré dans son court essai sur le mythe de Sisyphe que le suicide était le problème fondamental de la philosophie parce qu'il amenait à poser le problème du sens de la vie. Mais même l'absence de signification ne justifie pas selon lui la solution du suicide et sa conclusion rejoint en cela celle de Nietzsche sur l'*amor fati* ou l'acceptation de son sort. Émile Cioran, un autre écrivain essayiste, d'origine roumaine, mais ayant passé la majeure partie de sa carrière littéraire en France, a peut-être mieux que quiconque tenté de réfléchir jusqu'à l'absurde à la question de Camus et ce, dans toute son œuvre. Son obsession pour le suicide l'a tenu sur la corde raide du désespoir pendant très longtemps, ce qui ne l'a pas empêché de mourir de cause naturelle à l'âge vénérable de 84 ans. Ce retour sur le suicide de la pensée existentialiste moderne d'après la Seconde Guerre se détache quelque peu de la longue tradition de la pensée philosophique occidentale qui prend racine dans le Siècle des lumières et de la raison triomphante, et qui considère à la limite de sa compétence la question du suicide.

Anticipant la psychologie moderne, Holbach reconnaît que le suicide est bien plus une question de tempérament que relevant de la philosophie, avis d'ailleurs partagé par la majorité de ses contemporains. C'est que la philosophie moderne ouvre en effet une ère positiviste et progressiste animée d'un optimisme débordant et plus préoccupé de raison que de déraison. Si le philosophe manifeste à l'occasion de la tolérance à l'égard du suicide, c'est plus par motif humanitaire que pour en faire une légitimation. Montesquieu va d'ailleurs anticiper les principaux arguments de Hume avant même la publication du fameux texte de celui-ci. Mais c'est d'abord pour s'attaquer aux lois de la répression contre le suicide, lois qui perdent de toute façon de leur autorité morale tant l'opinion publique reconnaît de plus en plus la part de folie dans cet acte. L'idée avancée par Montesquieu est qu'il serait de toute façon orgueilleux de penser que notre vie changerait l'ordre de la nature. Le suicide n'est donc plus ce crime de lèse-majesté auquel il était associé. Vision assez rapprochée chez Voltaire qui ne s'oppose pas en principe au suicide et qui manifeste même un certain respect pour les récits de l'Antiquité. Mais encore là il traite la question d'un ton parfois moqueur et détaché comme si le suicide ne concernait pas directement la philosophie. Diderot est davantage marqué par le côté futile du suicide et il en déduit que le suicide des philosophes ne rend pas service à la philosophie pas plus que celui du commun des mortels ne rend service à son entourage. Quant à Rousseau, même si les personnages de ses textes discutent en long et en large de leur suicide, en définitive ils ne s'y résignent pas et on sait par ailleurs que lui-même aurait surmonté quelques tentations. En somme, nous rencontrons dans ces textes des propos libéraux, avec une teinte de condescendance, mais jamais une apologie directe et provocatrice.

Cette apologie viendra finalement de l'Angleterre à l'occasion d'un texte fracassant d'un des grands philosophes de son époque. Dans son *Essai sur le suicide* écrit en 1753 et publié seulement en 1777, David Hume propose une défense des plus explicites du suicide en s'attaquant par la même occasion aux idées reçues sur le soi-disant ordre naturel. Il rejette d'emblée l'idée répandue selon laquelle s'enlever la vie va à l'encontre des lois naturelles ou de la Providence. Son argument consiste à dire que les hommes, autant que les animaux d'ailleurs, doivent faire constamment violence à ces lois naturelles pour survivre. Pour Hume, préserver la vie en déplaçant une pierre qui est en train de nous tomber sur la tête est tout aussi bien un empiètement à la volonté du Tout-Puissant. Dans un passage à la limite du blasphématoire, Hume soutient qu'il serait en toute logique aussi impie de cultiver le sol que de s'enlever la vie. En ce qui concerne le rapport de la personne suicidée à la société, le philosophe anglais avance qu'elle ne lui fait pas de mal en soi mais qu'elle cesse simplement de faire le bien. Et si de plus on est un fardeau pour cette société, l'abandon de la vie n'en est que plus louable. Il cite en exemple le courageux Strozzi, un condamné à mort qui fait faire l'économie d'une exécution par sa mort volontaire.

Du côté allemand, Spinoza ignore presque entièrement la question du suicide, tout en s'y opposant et en en faisant aussi une question psychologique. Kant statue que le geste détruit la moralité de la personne, tout en se préoccupant davantage de cas de suicides altruistes. Même le père du pessimisme moderne, Schopenhauer, tout en défendant la légitimité du suicide, n'y voit en réalité qu'une délivrance imaginaire. Cette mort élimine la conscience qui pourrait recevoir la vérité, et n'est-ce pas la vertu première du philosophe que d'être en quête de la vérité ? Nietzsche, qui subira l'influence de ce dernier et qui aura tellement d'influence sur la pensée du XXe siècle, écrit des propos ambivalents et parfois contradictoires sur la question du suicide.

En résumé, bien que la philosophie occidentale ait exalté la notion de libre arbitre et que sa position critique l'ait tenue en équilibre instable sur le terrain inconfortable de l'absurde et du non-sens, elle ne s'est pas carrément, à l'invitation du texte de Hume, posée en défenseur du suicide, ce qui ne l'a pas empêchée de s'opposer aux lois répressives de son époque. En définitive, les philosophes contemporains dans leur ensemble ont été des fervents de la vie et leur quête de la vérité ne pouvait s'arrêter avec la fin du sujet pensant.

Approches sociologiques

La sociologie a tôt fait de placer l'objet du suicide au centre de ses préoccupations. Le suicide vient en effet mettre en cause la dynamique de la cohésion sociale et il constitue un phénomène privilégié pour comprendre les liens entre l'individu et le groupe, entre la psychologie et la sociologie. Aussi l'analyse du suicide se retrouve-t-elle à la source des préoccupations des premiers essais de la sociologie empirique.

Au-delà des motifs ou des prédispositions individuelles qui relèvent davantage de la psychologie, on peut se demander s'il n'existe pas des forces sociales ou, à l'inverse, des failles au sein d'une société, qui peuvent permettre de mieux comprendre pourquoi le suicide est plus fréquent dans une culture donnée que dans une autre, à une certaine époque plutôt qu'à une autre ou dans certains sous-groupes plutôt que dans d'autres. Est-ce que la confusion des repères sociaux, l'éloignement des religions, l'affaiblissement des solidarités sociales ne contribuent pas à la multiplication du suicide?

La parution du livre *Le suicide* par le sociologue Émile Durkheim, à la toute fin du XIXe siècle, est considérée comme l'œuvre fondatrice de la sociologie empirique. Bien que la question du suicide ait été abordée en sociologie avant lui, Durkheim avance, dans une démonstration qui passera au peigne fin les statistiques européennes de son siècle, que le suicide n'est pas un objet qui relève exclusivement du domaine des aliénistes, ainsi que sont nommés les psychiatres de son époque, mais est plutôt une conduite et un fait social produits par des forces sociales qui dépassent l'individu. La thèse est originale en ce sens qu'elle fait graviter autour de concepts clés de la sociologie durkheimienne les mécanismes qui expliquent la distribution du suicide et, sans les ignorer, relègue au second plan l'existence des turbulences psychologiques qui accompagnent le suicide. Cette thèse est encore d'actualité, après plus d'un siècle, et aucune tentative aussi ambitieuse soit-elle n'a encore égalé son ampleur intellectuelle. La théorie durkheimienne continue d'animer les débats et encore davantage depuis la diffusion de la traduction américaine en 1954 et l'aval que lui a conféré le professeur Talcott Parsons de Harvard.

La pensée de Durkheim est de prime abord conservatrice en ce sens qu'elle voit dans la société un organisme en quête d'une certaine homéostasie. Contrairement à Rousseau ou même à Freud, qui voyaient dans la société un frein au développement harmonieux des capacités humaines et une dégradation du désir, Durkheim voit dans la société une influence structurante sur le psychisme et sans laquelle il ne pourrait psychologiquement survivre. L'auteur a besoin de poser au départ sa vision psychologique afin de fonder son projet sociologique. Pour lui, l'individu doit se débattre avec ses instincts qui le plongeront dans la confusion mentale s'ils ne sont pas harnachés par des buts qui le transcendent et qui seront au service de la collectivité. Cette sociologie met donc l'accent sur les symboles et les représentations qui sont au fondement de la culture de même que sur les règles qui régissent la vie en collectivité. Durkheim reconnaît dès l'origine que les forces pouvant mener au suicide sont multiples et opposées et qu'il y a autant de types de suicide que de configurations de ces forces sociales qui les engendrent. Ces forces peuvent soit laisser une trop grande latitude et liberté à l'homme et le renvoyer au chaos de ses désirs — c'est le vide social qui prévaut alors, l'affaiblissement des liens — soit, au contraire, exercer une pression telle que l'individu n'a plus la possibilité d'exister : c'est le trop plein de social qui est alors en faute. Il s'agit donc en définitive d'une vision moralisatrice qui prétend que la société doit encadrer l'individu sans l'étouffer. Elle doit laisser un espace pour l'expression de ses instincts et désirs tout en les sublimant en quelque sorte à des intérêts sociaux.

Le type de suicide au centre de cette démonstration est le suicide égoïste, ce terme référant moins ici à un défaut moral du suicidé qu'à une forme de vie sociale où l'individu se sent moins fortement contraint par les règles de la vie sociale. On pourrait ici évoquer l'analogie des forces centripètes par opposition aux forces centrifuges. La démonstration consiste à comparer une somme considérable de tableaux statistiques puisés dans les archives européennes de l'époque. Le premier argument, qui demeurera aussi le plus retenu, est la présence d'une forte association entre le type d'appartenance religieuse et les taux de suicide correspondants. Durkheim montre que partout, peu importe le pays ou la région, les populations catholiques ont des taux plus faibles que les populations protestantes ; au sein de celles-ci, les anglicans, dont les rites et l'approche dogmatique se rapprochent davantage des catholiques, ont des taux moindres que ceux des autres formes de protestantisme, et cela même dans les pays européens, telle la Suisse, où catholiques et protestants vivent côte à côte. Comme il existe parfois de la confusion dans la traduction de la pensée de Durkheim, il est très important ici de retenir que ce qui est déterminant n'est pas principalement le type de vie communautaire ou l'intégration sociale, mais bien la liberté de pensée octroyée au croyant dans chaque dénomination religieuse. Durkheim, lui-même de tradition juive, doit faire quelque peu entorse à son argumentation pour expliquer les faibles taux de suicide au sein des collectivités juives de son époque. Cette religion est en effet beaucoup moins hiérarchisée et centralisée que le catholicisme, par exemple, et elle offre une grande liberté de pensée, surtout au sein du courant cosmopolite, plus prononcé en Europe de l'Ouest. Si le laxisme dogmatique peut en effet, dans cette logique, fragiliser les fidèles de la religion juive en regard du suicide, il existe un contrepoids qui expliquerait la tendance contraire observée. Les Juifs sont en effet l'objet d'exclusion sociale et, par conséquent, leurs membres doivent accepter de contrôler leur conduite à l'aide d'une discipline accrue afin de contrer l'antagonisme dont ils sont victimes dans toute l'Europe.

Durkheim est aussi critique à l'égard de la montée du libéralisme politique et économique qui caractérise la société civile de son époque. Il s'inquiète que les plus hauts taux de suicide au sein des professions libérales et des couches sociales plus favorisées — un tableau d'ailleurs tout à fait inverse de la situation contemporaine en occident — soient le prix à payer pour le goût de liberté qui règne dans ces couches de la population. Et ce serait parce qu'elles sont moins éduquées, et donc moins exposées aux écueils de la liberté de pensée, que les femmes seraient moins vulnérables au suicide. Durkheim ajoute également que le mariage et les enfants protègent contre le suicide en dirigeant les énergies des membres de la famille vers des objectifs communs. En résumé donc, ce qui qualifie les forces altruistes ou centripètes, c'est l'imposition de croyances communes et la solidité des liens sociaux, des forces donc à la fois idéologiques et de cohésion sociale.

Le suicide anomique est un peu plus facile à comprendre parce qu'il se réfère à un concept plus simple, soit la présence plus ou moins forte de règles ou de normes qui polarisent les sentiments et sans lesquelles on se dirigerait vers le chaos. Encore ici, Durkheim pose ses assises sociologiques sur la base des données psychologiques rudimentaires partagées par la sociologie de son époque. La démonstration est beaucoup plus complexe qu'il n'y semble à première vue dans les traductions de cette pensée véhiculées ultérieurement et il faut saisir tous les rouages de son mécanisme. Durkheim rappelle d'entrée de jeu les hausses appréciables de suicide qui accompagnent les revirements de l'économie européenne, aussi bien d'ailleurs les cycles de la richesse que ceux de la récession. Mais l'effet n'est pas mécanique et l'auteur prend bien soin de préciser que ces cycles sont accompagnés par une remise en question d'un certain consensus à propos de la façon dont les choses doivent se passer dans une société. Ce qui affaiblit dans ces périodes l'ascendant du social sur l'individu, c'est l'éclatement du consensus concernant les rémunérations justes, attribuable au réalignement nécessaire des salaires pour redistribuer les richesses et les sacrifices. L'entente sociale sur ce qui est juste est remise en cause, ce qui laisse libre cours aux passions et aux désirs. Un bref coup d'œil à la situation contemporaine permettrait de voir que la hausse vertigineuse des salaires des hauts dirigeants et de ceux qui occupent des postes vedettes aux États-Unis couplée à la stagnation en parallèle du salaire minimum ne provoque pas des épidémies de suicide et qu'il faut penser à d'autres mécanismes qui expliqueraient le phénomène. Cependant, Durkheim a le mérite de ne pas se référer à de vagues explications globalisantes et de pointer des facteurs précis, plus proximaux de l'individu, qui peuvent expliquer comment un phénomène aussi global qu'un cycle économique peut avoir des répercussions sur l'équilibre psychique.

Au niveau de la microcellule de la famille, la déréglementation du mariage se reflète dans les taux de divorce qui sont fortement associés au suicide. C'est que dans ce schéma, le mariage est l'institution par excellence pour orienter les désirs sexuels et structurer la conduite.

La présence du suicide dans les sociétés traditionnelles exerçant un contrôle élevé sur leurs membres vient mettre évidemment en question la logique élaborée jusqu'ici. Durkheim fait appel à d'autres mécanismes sociaux et il propose l'expression de « suicide altruiste » pour expliquer les formes de suicide les plus fréquemment rencontrées dans ces sociétés. Le terme altruiste, encore une fois, ne doit pas être compris dans un sens moraliste, comme nous l'avons vu plus haut pour le terme égoïste. Ce ne sont pas exactement des suicides qui font référence à la grandeur d'âme ou à l'héroïsme de ceux qui les commettent, mais plus précisément des suicides obligés par les traditions ou par des scénarios précis. Face à ces contraintes exercées par le groupe, on est en droit de se demander si les exemples cités, comme le sati en Inde, sont de véritables suicides ou des homicides déguisés.

Ce qui est important à retenir est que Durkheim fait du suicide un objet de psychopathologie sociale et qu'il le considère comme un épiphénomène psychopathologique, c'est-à-dire qu'il n'ignore pas la psychopathologie mais n'en fait pas un élément central. Il n'est donc pas étonnant que la question qu'il pose au fond, à savoir : « Quel type de société produit un surplus de suicides ? » ait inspiré politiciens, philosophes, autant que journalistes et éducateurs à saisir le prétexte du suicide pour fonder leur critique sociale sur l'autorité parentale, la baisse de la ferveur religieuse, le climat des écoles ou même le type de régime économique. On peut aussi critiquer trop facilement la psychologie élémentaire sur laquelle se fonde Durkheim, mais on doit lui reconnaître le mérite d'avancer des hypothèses précises mettant en cause des processus psychosociaux complexes à travers lesquels les forces sociales agissaient sur la psyché individuelle.

Dans les traces de Durkheim, Maurice Halbwachs publie en 1930 un volumineux document de 500 pages intitulé *Les causes du suicide*. Le titre apparaît en rétrospective quelque peu prétentieux en regard du raffinement des exigences de la méthode sociologique pour conclure à des explications causales. Si cette œuvre a été presque oubliée par la postérité, elle a eu le mérite de proposer des normes plus strictes dans l'interprétation des statistiques et dans l'élaboration des théories. Il fait du suicide, selon une expression inspirée par l'anthropologue Marcel Mauss, un fait sociologique total, à la conjonction de multiples influences sociales. Ce qu'il faut en retenir, c'est que l'augmentation du suicide serait d'abord reliée à l'aggravation des maladies mentales dans une civilisation complexe, vieille idée teintée de romantisme et promue par la psychiatrie du XIXe siècle. Les personnes plus sensibles, plus irritables seraient, du fait de cette vulnérabilité accrue, plus susceptibles de se suicider. Par ailleurs, en rappelant les motifs du suicide comme les chagrins d'amour, les pertes d'emploi ou les revers de fortune, l'auteur en conclut que l'isolement moral du groupe d'appartenance serait fatidique en rompant l'équilibre avec le milieu habituel d'appartenance.

Jean Baechler, inspiré davantage par une sociologie phénoménologique, se détache radicalement de ses deux prédécesseurs. Il invite à une réorientation de la question de base, à savoir que ce n'est pas tant le pourquoi qui importe que le motif qui régit l'acte de s'enlever la vie. En d'autres termes, le suicide s'inscrit dans un scénario entre l'individu et le groupe social avec lequel il interagit. L'acte de se donner la mort est en quelque sorte une déclaration sur une intention ultime, le plus souvent interprétée plutôt qu'observée, et qui pourra susciter à l'occasion une réflexion dans l'entourage. Et comme il y a des contextes très diversifiés de ces scénarios de suicide à l'intérieur d'une culture comme entre les cultures, cette approche phénoménologique en sociologie invite à une décentration des schémas de compréhension plutôt qu'à une vision se réduisant à quelques principes de causalité. Baechler propose donc une liste exhaustive et bien illustrée de divers types de suicide. On y trouve entre autres le suicide escapiste, incarné par le malade qui fuit une douleur extrême, un veuf qui ne se résigne pas à survivre solitairement à son épouse, ou le suicide agressif, porteur de vengeance de l'amant rejeté, de l'enfant négligé ou de l'employé dont on a abusé ; le suicide oblatif ou sacrificiel, certainement bien traduit par les kamikazes modernes et les suicides ludiques auxquels s'adonnent les fêtards en jouant à la roulette russe. On ne peut certes récuser tout à fait que le suicide s'inscrive dans une espèce de dialogue avec l'entourage et qu'il porte la trace d'un sens, mais il serait difficile, à notre avis, de le réduire ainsi à un épisode biographique sans référence aux forces historiques et culturelles qui le déterminent.

Il faut ajouter un dernier mot sur tout l'effort de la sociologie empirique, en majeure partie athéorique, pour tenter de considérer comment le suicide varie en fonction de diverses caractéristiques de la société globale, telles que les variations économiques et politiques, les contraintes du marché du travail sur le chômage et l'emploi, le faible revenu, l'intensité de la pratique religieuse, les taux de divorce, le déséquilibre des pyramides démographiques associé au vieillissement de la population. Ces analyses établissent des constantes : les pauvres, les sans-emploi, les non-pratiquants, les personnes sans liens sociaux, bref la plupart des exclus se retrouvent plus souvent dans les statistiques du suicide sans que ces statistiques puissent éclairer davantage notre compréhension du suicide. Sans revenir nécessairement aux concepts de Durkheim, on pourrait s'en inspirer minimalement en proposant des mécanismes précis à mettre en cause dans le suicide.

Les approches psychanalytiques

Dans l'œuvre du fondateur de la psychanalyse, Sigmund Freud, le thème du suicide est relativement absent, alors que le suicide était un phénomène pourtant bien connu en Europe. Quelques analystes célèbres de l'époque se sont donné la mort, et Freud lui-même a, selon les confidences de ce dernier, demandé à son médecin Max Schur de lui administrer une dose de trois grammes de morphine alors qu'il était atteint d'une forme de cancer très douloureuse à la dernière étape de son agonie. La première occasion de réflexion collective sur le suicide est le congrès de 1910 de la Société psychanalytique de Vienne qui a pour thème le suicide chez les étudiants. Freud signera l'introduction et la conclusion de ces actes. Il aborde la question du suicide plus directement dans son essai *Deuil et mélancolie*, publié en 1917. L'accent de la psychanalyse sur l'instinct de survie et le narcissisme, « un amour de soi qui est tellement immense », rend difficile de concevoir des forces psychiques agissant pour se détruire soi-même. Un élément de réponse est offert par l'analyse de l'état de mélancolie qui suit la perte d'un être cher. Selon cette analyse, l'image de l'objet perdu serait intériorisée, c'est-à-dire que certains traits ou souvenirs de cette personne seraient en quelque sorte amalgamés au soi et qu'on s'identifierait en partie à cette personne. Par la suite, des tendances sadiques se déploieraient contre cet objet intériorisé, provoquant la mélancolie et le suicide dans les cas extrêmes. En vérité, on ne se suiciderait pas, mais on tenterait de détruire les traits d'une autre personne qui vit à l'intérieur de son psychisme. La personne en deuil se prend elle-même pour un objet et elle se traite en objet, retirant ses investissements narcissiques pour retourner contre elle une rage sadique.

Le traitement le plus approfondi de la question du suicide par un psychanalyste est exposé dans le livre de Karl Menninger, *Man against Himself*, publié en 1938. Sa thèse est un prolongement de la pensée freudienne, selon laquelle le suicide est le résultat de l'instinct de mort ou de la tendance à l'autodestruction chez l'être humain. Le psychanalyste américain propose l'idée que cette tendance se retrouve à divers degrés dans divers comportements et états pathologiques. Ainsi, la psychose et la schizophrénie sont des maladies où le patient refuse par le déni de la réalité de s'insérer dans le monde. L'alcoolisme serait un geste d'autopunition pour calmer la culpabilité engendrée par les impulsions agressives, en même temps que l'alcool peut être considéré comme un médicament devant calmer la souffrance morale. Les gestes d'automutilation seraient évidemment la forme la plus visible de ce désir de mort. Une idée importante à retenir est le fait que le désir de suicide se construit durant une bonne partie de la vie avant d'en arriver à sa conclusion. Menninger reconnaît le rôle des adversités subies au cours de l'enfance et des drames vécus dans la vie adulte. Il souligne également que le suicide est un retournement contre soi d'une tendance primitive à vouloir tuer et qui se coiffe de motifs plus rationnels, plus compréhensibles pour la société. La conclusion fournit quelques pistes pour orienter la reconstruction de la personne suicidaire tout en précisant qu'il s'agit d'un combat titanesque inévitablement semé d'échecs.

Quelques années plus tard, Otto Fenichel développera l'idée de la révolte du Moi envers le Surmoi, dans l'intention, inconsciente évidemment, de détruire une figure d'autorité. Pour Rader, c'est un geste d'abandon vengeur contre ceux qui nous ont abandonné ou qui menacent de le faire. Enfin, le psychanalyste américain Kohut conçoit le suicide comme le résultat de l'éclatement de la cohésion du soi à la suite d'une blessure narcissique. D'autres auteurs y voient l'expression du désir d'une réunion narcissique sur le plan des fantasmes, une espèce de fuite en avant à la recherche d'un paradis perdu. À cet égard, il est intéressant de voir beaucoup de jeunes qui ont fait une tentative de suicide avouer qu'ils s'imaginaient trouver une espèce de sentiment béatifique après leur mort. Un facteur de résilience serait la présence d'un objet intériorisé consolant.

Les approches psychologiques

Plusieurs théoriciens ont abordé la question du suicide sous l'angle des traits de la personnalité et nous avons consacré une section à ces recherches dans les facteurs de risque.

Nous ne pourrions rendre compte ici de toute la richesse de cette littérature et ne présenterons en détail que deux approches, l'une formulée il y a longtemps par Shneidman et Farberow et qui a trait aux besoins de base frustrés, alors que l'autre, plus récente et d'origine plus cognitive et sociale, tente de comprendre la légitimation du geste suicidaire.

La première approche fait du concept de souffrance morale — c'est l'expression qui nous a semblé la plus fidèle au néologisme américain *psychache* — la clé pour comprendre le geste suicidaire. L'intention est de remettre l'approche mentaliste au cœur de la problématique et de comprendre les motivations qui poussent une personne à s'enlever la vie. Selon cette perspective, l'homme possède tout un éventail de besoins, certains plus essentiels pour assurer la survie alors que d'autres permettront la réalisation de soi. Lorsque l'un ou plusieurs de ces besoins, par exemple, le besoin de protection de l'image de soi ou le besoin d'amour, sont très sévèrement frustrés, au point où aucune satisfaction ne semble possible dorénavant, surgit cette souffrance exquise, insupportable, qui prend vite la forme d'un état de désespoir que seule la mort saurait calmer. La souffrance en soi ne suffit pas à expliquer le suicide. Il faut en plus que se développe un scénario de suicide qui se joue dans une certaine mesure en dehors des forces de contrôle de l'individu, scénario qui, par la dynamique obsessionnelle de la vision en tunnel, apparaît comme la seule issue désormais souhaitable. La façon de renverser ce mouvement inéluctable consiste alors à se réconcilier avec son sort pour mieux repartir dans la vie et lui redonner un sens. Pour schématiser son modèle, Shneidman propose de procéder à l'analyse psychologique de la personne à partir d'un modèle tridimensionnel. D'après lui, trois conditions sont nécessaires pour envisager le suicide : une profonde douleur morale, une perturbation psychologique marquée et une pression extrême des circonstances de vie. Si le thérapeute parvient à faire baisser le niveau de danger dans l'une de ces trois dimensions, il pourra éviter que l'acte fatal ne se produise.

Shneidman propose également une liste de 10 points communs que partagent la majorité des cas de suicide. Il rappelle tout d'abord que le suicide traduit un désir, une volonté; en cela, il est à la fois recherche de solution, un désir d'éteindre sa conscience et de fuir la vie. Il souligne que la décision est rarement définitive, sans appel, ce qui se traduit par une ambivalence, une hésitation dans le geste et par la communication fréquente, mais pas toujours directe, de l'intention de se suicider. Enfin, le suicidaire se sent comme coincé dans une voie sans issue, atteint par une souffrance insoutenable, profondément frustré dans ses besoins fondamentaux, rongé par le désespoir, et graduellement obsédé par l'idée fixe de se donner la mort.

La psychologie attire aussi l'attention sur le processus de légitimation du suicide dans la société. L'un des mécanismes pervers de la légitimation est la banalisation du mal, mécanisme qui a été brillamment décrit par Hannah Arendt pour expliquer comment les bourreaux nazis et leur entourage arrivaient à se désensibiliser face aux atrocités du génocide des Juifs. L'une des façons de banaliser le suicide serait d'en parler comme d'un phénomène, sinon normal, du moins faisant partie des petits drames de la vie quotidienne et devant lequel on doit adopter une attitude fataliste. La légitimation est aussi soutenue par certains leaders d'opinion qui expriment l'idée que la décision de s'enlever la vie appartient à chacun et qu'il pourrait même être courageux de finir ainsi ses jours. De tels commentaires sont occasionnellement rapportés dans des témoignages à l'occasion du suicide de personnages de notoriété publique, comme la chanteuse québécoise Pauline Julien. Il est évidemment difficile d'évaluer dans quelle mesure certaines populations peuvent entretenir en leur sein des attitudes de légitimation qui peuvent nourrir un courant suicidogène.

Sur le plan individuel, le suicide est également un geste qui acquiert un degré de légitimation plus ou moins avancé chez les gens qui présentent des tendances en ce sens. Depuis les études du sociologue américain Richard Jessor, on est plus sensible au fait qu'un acte déviant, comme la violence ou la première cigarette à un jeune âge, doit avoir une raison d'être pour celui qui le commet. Ce processus peut prendre quelques mois et conclut un long processus de socialisation avec des gens qui ont déjà cheminé dans cette direction. Il en serait de même pour le suicide. L'un des arguments en ce sens tient au fait que le facteur de risque de mourir par suicide le plus important est d'avoir commis une tentative de suicide antérieurement. Contrairement à un vieux préjugé encore partagé dans certains cercles, une personne qui rate une tentative n'est pas immunisée contre le suicide. S'il est vrai que la plupart de ces personnes envisagent des jours meilleurs après leur tentative, il n'en demeure pas moins qu'actuellement, le fait de commettre une tentative est le meilleur indice de prédiction du suicide. Dans une étude nationale conduite auprès de plusieurs milliers de patients ayant fait une tentative, pas moins de un sur sept étaient morts à la suite d'un suicide au cours des cinq années suivant leur tentative. C'est au cours de la première année que le risque de récidive menant à la mort est le plus élevé et les chances de survie deviennent nettement plus élevées avec les années. Par ailleurs, dans une étude sur un groupe de jeunes décédés par suicide, plus de la moitié avait déjà fait une tentative.

Selon le psychologue Thomas Joiner, la première tentative de suicide permettrait de se familiariser avec le geste et rendrait le projet par la suite plus facilement accessible au cerveau. De la même façon, on craindrait moins de se donner la mort après avoir procédé à une première tentative. À cet égard, Joiner note que ceux qui répètent une tentative de suicide sont ceux qui sont moins angoissés devant la mort. Il craint également que les suicidaires finissent par trouver des vertus d'accalmie à la tentative, car on sait que, après le passage à l'acte, certaines personnes peuvent ressentir un état de bien-être et une disparition passagère de leur angoisse. Ils seraient ainsi tentés de recourir de nouveau à ce moyen si les émotions négatives reviennent.

Le processus de légitimation peut enfin provenir de l'exemple de tentatives et de suicide dans l'entourage. On sait que les parents proches d'un suicidé sont plus à risque de commettre un suicide que les parents d'un groupe témoin, mais il est difficile de départager ce qui vient de prédispositions génétiques ou de l'effet d'entraînement, les premières probablement plus importantes dans ce cas. Cependant, un nombre élevé des cas de suicide, soit entre 15 % et 20 % des personnes qui meurent par suicide, ont connu un proche ou un membre de leur entourage qui est décédé par suicide ou qui a commis un acte suicidaire au cours de la dernière année. Parfois, c'est un besoin de vouloir rejoindre la personne qui entre en jeu, et parfois c'est l'indifférence aux souffrances du suicidé ou à son geste qui peut être le moteur du suicide.

CHAPITRE 2

Qu'est-ce que le suicide ?

INTRODUCTION

PLUS DE PERSONNES MEURENT annuellement par suicide dans le monde qu'il n'y a de morts victimes des guerres, d'actes de terrorisme et d'homicides, tous chiffres confondus (OMS, 2003). Le suicide existe dans tous les pays du monde et touche tous les groupes d'âge, les riches aussi bien que les pauvres, de même que tous les groupes ethniques et culturels, mais plus particulièrement les personnes souffrant d'un problème de santé mentale. Les décès par suicide représentent malgré tout un faible pourcentage des comportements suicidaires chez les êtres humains. L'éventail des comportements suicidaires inclut les tentatives de suicide, les comportements autodestructeurs et les pensées suicidaires. On peut aussi se demander si l'euthanasie et le suicide assisté ne font pas partie des comportements suicidaires ou s'ils doivent être considérés dans une catégorie à part. Le présent ouvrage entend résumer l'état des connaissances actuelles à propos des comportements suicidaires ainsi que leurs implications dans la prévention du suicide et l'aide à apporter aux personnes suicidaires. Mais avant de poursuivre, il est important de discuter de certaines définitions et de la terminologie utilisée pour décrire les comportements suicidaires. Ces définitions ont une importance primordiale puisqu'elles délimitent ce qui est considéré comme acte suicidaire à travers le monde et ce qui fait l'objet des recherches en suicidologie.

SUICIDE COMPLÉTÉ — DÉCÈS PAR SUICIDE

Les décès par suicide sont souvent caractérisés par la dénomination « suicide complété » dans le vocabulaire de la recherche contemporaine en suicidologie. On utilise parfois le mot « suicide » tout court pour référer aux personnes décédées par suicide. Il y a quelques années, on utilisait souvent le libellé « suicide réussi » dans les articles scientifiques et de vulgarisation, mais aujourd'hui cette terminologie n'apparaît pas très « politiquement correcte ». Une mort par suicide peut être considérée comme un événement désastreux, ou à tout le moins comme un événement neutre, mais on considère qu'on minimise l'angoisse engendrée par les décès par suicide si on considère une mort par suicide comme étant une « réussite ».

On définit habituellement une mort par suicide ou « suicide complété » comme étant une mort intentionnelle causée par soi-même. Selon une telle définition, tout ce qui est nécessaire au constat d'un décès comme étant un suicide est le fait que la victime ait mis en place volontairement les actes qui ont conduit à sa mort. L'intentionnalité est ce qui différencie les morts causées par soi mais qui sont accidentelles des décès par suicide qui sont intentionnels. Cette définition ne fait pas de distinction entre les motivations conscientes et les motivations inconscientes de l'acte suicidaire. Selon notre définition, quelqu'un qui se pend doit être classé comme un cas de suicide, indépendamment de sa motivation de se pendre. La personne qui vivait une dépression depuis longtemps et qui se pend le jour où sa compagne le quitte est classée comme un cas de suicide. De la même manière, une personne souffrant de schizophrénie et qui entend la voix de Dieu l'enjoignant de se pendre est considérée comme un cas de suicide. Dans les deux cas, en effet, c'est la personne elle-même qui pose l'acte menant à la mort et elle les pose de façon expresse.

Mais si la personne ne désirait pas vraiment mourir ou s'il s'agissait de quelqu'un sous l'influence de l'alcool ou de drogues, peut-on toujours parler de suicide complété ? Dans le chapitre qui suit, nous discuterons des différentes explications du suicide et nous traiterons plus spécifiquement des troubles mentaux ou de l'influence des drogues ou de l'alcool comme étant des « facteurs de risque » du suicide, mais la présence de ces facteurs n'influence pas notre catégorisation sous l'appellation de suicide tout décès causé intentionnellement par soi-même.

Le décès par suicide, même s'il a un impact important sur de nombreux membres de l'entourage et de la communauté de la victime, est néanmoins un événement rare si on le compare aux tentatives de suicide et aux autres comportements autodestructeurs de même qu'aux pensées suicidaires. Les taux de suicide complété varient à travers le monde et, comme nous le verrons au chapitre 3, ils se situent en moyenne entre 10 et 20 décès annuellement par 100 000 habitants.

TENTATIVES DE SUICIDE

Ce que l'on identifie comme étant des tentatives de suicide sont des actes intentionnels faits par une personne dans le but de se suicider et qui n'aboutissent pas à la mort. Les tentatives de suicide varient en intensité, et vont, par exemple, de la « tentative grave » d'une personne qui se tire une balle dans la tête et qui survit aux blessures, jusqu'aux tentatives dites parfois « mineures », par exemple, une personne qui se coupe un peu les veines sans que cela ne cause de dommages importants, ou encore une personne qui prend une *overdose* de quelques comprimés d'un médicament.

Les tentatives de suicide sont plus difficiles à comptabiliser que les suicides complétés puisque la grande majorité des tentatives ne causent pas suffisamment de dommages physiques pour justifier que la personne soit prise en charge par un médecin. Certains chercheurs en suicidologie ont tendance à étudier différentes catégories de tentatives de suicide, par exemple, les tentatives de suicide soignées dans les urgences des hôpitaux ou encore les tentatives ayant causé des dommages importants ou représentant un risque élevé de conduire à la mort. D'autres chercheurs prétendent que la gravité des tentatives ne doit pas être un indicateur fiable du degré de l'intention de l'individu qui a posé le geste. Quelqu'un peut prendre très peu de médicaments dans l'intention d'être sauvé, mais mal calculer les interactions entre les différents médicaments et l'alcool ingérés et se retrouver presque mort. D'autres personnes prendront des quantités élevées de médicaments dans la ferme intention de mettre fin à leurs jours mais, à la suite d'un mauvais calcul, vomiront le tout ou seront sauvées accidentellement. À cause de ces différences, d'autres chercheurs regroupent toutes les tentatives de suicide en une seule classe où l'on ne distingue pas les degrés d'intentionnalité.

Les recherches indiquent qu'on peut compter au moins 100 tentatives de suicide pour chaque suicide complété. Si l'on estime le nombre de tentatives de suicide à partir des données de sondage auprès de la population, on trouve qu'environ 1 personne sur 50 répond qu'elle a fait une tentative de suicide à un moment donné au cours de sa vie.

Comment peut-on expliquer le grand nombre de tentatives de suicide par rapport au nombre plus restreint de suicides complétés ? Est-ce que les êtres humains sont si peu habiles à s'enlever la vie que les tentatives de suicide aboutissent rarement à un décès ? Il existe deux explications de cet état de fait qui ne sont pas mutuellement exclusives. Les intervenants auprès des personnes suicidaires constatent qu'il existe souvent une certaine ambivalence chez les personnes suicidaires, même au moment d'accomplir l'acte. Selon cette explication, les personnes qui font des tentatives de suicide et même celles qui meurent par suicide vivent toujours une certaine ambivalence : elles veulent mettre fin à leur souffrance en recourant au suicide, mais désirent en même temps trouver d'autres solutions moins radicales et permanentes à leurs problèmes. Pour s'engager dans une tentative de suicide, il faut donc que l'individu soit plus convaincu que le suicide est la bonne chose à faire pour diminuer sa souffrance qu'il ne l'est de croire qu'il existe d'autres solutions possibles et qu'il serait préférable de ne pas passer à l'acte. Selon une telle perspective, une personne qui est convaincue à 51 % qu'il est préférable de se tuer peut faire une tentative de suicide. On peut émettre l'hypothèse que, à cause de leur ambivalence, la grande majorité des personnes qui se sont engagées dans un processus pour s'enlever la vie, soit s'arrêtent en cours de route, avant que la tentative ne devienne mortelle (elles arrêtent de se couper les veines ou encore cessent d'ingurgiter des médicaments), soit trouvent du secours. Cette ambivalence sert à expliquer l'emploi, pour s'enlever la vie, de méthodes qui ont une faible probabilité de mener à la mort. L'ambivalence des personnes suicidaires est aussi l'argument utilisé par les intervenants pour justifier de faire appel aux services d'urgence, malgré le refus de la victime d'être sauvée. Selon les centres de prévention du suicide, la grande majorité des personnes sauvées contre leur gré remercient les intervenants après avoir été mises hors de danger. L'explication en est que le rapport de force entre le désir de solutionner leur problème en recourant au suicide et le désir de trouver d'autres solutions à leurs problèmes a radicalement changé en cours de route.

Une deuxième approche utilisée pour comparer les suicides complétés et les tentatives de suicide est celle de Kreitman et d'autres chercheurs (principalement en Europe) qui utilisent le mot « parasuicide » pour décrire ce que nous avons défini comme étant des tentatives de suicide. Ceux qui préfèrent utiliser la terminologie de parasuicide justifient leur choix en affirmant, soutenus en ceci par certaines études, que les personnes qui font des tentatives de suicide présentent des caractéristiques très différentes des caractéristiques des personnes qui meurent par suicide. Selon ces chercheurs, les cas de parasuicide sont caractérisés par des efforts non létaux de se donner la mort. Ce groupe se distingue de celui des personnes ayant complété un suicide et qui meurent par suicide. Même s'il existe un appui dans la recherche en faveur de l'approche qui fait la distinction entre les cas de parasuicide et ceux de suicide (entre ce que nous appelons tentative de suicide et suicide complété), il est évident qu'une certaine partie des suicides complétés ressemblent davantage aux actes commis par des personnes décrites dans les recherches sur le parasuicide et qu'une certaine proportion des personnes qui font des tentatives de suicide ressemblent plus aux personnes décédées par suicide. Le terme parasuicide est plus utilisé en Europe, mais en Amérique du Nord, la tendance est de mettre l'accent sur les ressemblances entre les tentatives de suicide et les suicides complétés plutôt que d'en décrire les différences.

SUICIDE INDIRECT OU COMPORTEMENTS AUTODESTRUCTEURS

Il existe de nombreux comportements humains qui augmentent la probabilité d'un décès à moyen terme mais qui ne précipitent pas la mort à court terme ou qui ne causent pas de traumatismes physiques dans le futur immédiat. Kastenbaum et Mishara ont proposé le concept de « mort prématurée », qui inclut les comportements qui diminuent l'espérance de vie d'un individu sans toutefois constituer des comportements suicidaires puisque leur effet va se manifester seulement à long terme ou encore augmenter la probabilité d'un décès prématuré, sans cependant le garantir. Ces auteurs ont proposé qu'en fait, l'ensemble des comportements humains peut être évalué selon une grille qui classifie les comportements qui permettent d'augmenter l'espérance de vie ou de la diminuer. Par exemple, l'espérance de vie peut être prolongée si on fait de l'exercice régulièrement, si on a de bonnes habitudes alimentaires, si on prend peu de risques en traversant les rues, si on porte une ceinture de sécurité dans une auto ou si on prend soin d'éviter les conflits violents avec autrui. Cependant, on peut identifier plusieurs comportements autodestructeurs contribuant à la diminution de l'espérance de vie, y compris fumer la cigarette, prendre des risques en conduisant vite ou dangereusement ou encore ignorer les conseils du médecin pour soigner une maladie grave.

Les comportements autodestructeurs, souvent nommés « comportements suicidaires indirects », ont une influence sur la probabilité de mourir dans un avenir éloigné. De plus, l'effet n'est pas certain. Même si la majorité des fumeurs jouiront d'une espérance de vie moins élevée que celle des non-fumeurs, il existe une minorité de fumeurs qui vivront aussi longtemps et même plus longtemps que plusieurs non-fumeurs. Les personnes présentant un mode de vie qui implique une grande prise de risques ont une probabilité beaucoup plus élevée de mourir plus tôt que les personnes qui prennent moins de risques, par exemple, en conduisant leur voiture à très haute vitesse. Mais certaines de ces personnes survivront longtemps malgré les risques encourus.

Il existe un débat sur l'intentionnalité des comportements autodestructeurs. Certains auteurs postulent que l'intentionnalité de ces comportements n'est pas consciente mais plutôt inconsciente, et qu'on peut la qualifier de « subintentionnelle », tel que le propose le suicidologue Edwin Shneidman. Il a identifié quatre groupes de personnes qui, selon lui, présentent une orientation subintentionnelle vers la mort. Tout d'abord, ceux qui « tentent la mort » jouent avec elle en prenant des risques mais en espérant être secourus. Les « accélérateurs de la mort », eux, s'engagent dans un mode de vie dangereux, par exemple, les personnes qui abusent de leur corps, qui consomment alcool et drogues ou qui n'ont pas de saines habitudes alimentaires. Les « capitulateurs de la mort » sont aux prises avec des maladies psychosomatiques qui augmentent le risque de mourir. Shneidman inclut dans cette catégorie les morts par vaudou. Finalement, la quatrième catégorie est constituée par les « expérimentateurs de la mort » qui ne veulent pas consciemment mourir, mais qui vivent dans un état de conscience compromis par l'alcool, les drogues ou les barbituriques.

IDÉATIONS SUICIDAIRES

Une personne est considérée avoir des idéations suicidaires quand elle pense à se tuer. La grande majorité des êtres humains ont pensé à un moment ou l'autre de leur vie qu'il serait « préférable de mourir que de vivre une situation difficile » ou encore qu'il serait « possible de mettre fin à la souffrance en se suicidant » ; il semble donc naturel et normal de penser au suicide à un moment donné. Cependant, les recherches sur les idéations suicidaires mettent l'accent sur les « idéations sérieuses ». Lorsqu'on demande aux gens s'ils ont « pensé sérieusement au suicide » lors des 12 derniers mois, les enquêtes sociales indiquent qu'environ 4 % répondent positivement à cette question. On voit que pour chaque personne qui fait une tentative de suicide il existe plusieurs individus qui pensent sérieusement à s'enlever la vie. Évidemment, la grande majorité d'entre eux trouvent d'autres solutions à leurs problèmes ou au moins acceptent de vivre avec leurs difficultés sans faire de tentatives de suicide. En soi, le fait de penser sérieusement au suicide n'implique pas qu'un individu soit à risque de s'enlever la vie. Cependant, puisque l'idéation suicidaire est toujours présente avant une tentative de suicide ou un suicide complété (il faut par définition penser sérieusement au suicide pour être capable de faire intentionnellement un geste suicidaire), elle peut être considérée comme le signal d'une possibilité de se tuer. Les personnes qui œuvrent dans le domaine de la prévention du suicide suggèrent donc de prendre toute expression de l'idéation suicidaire au sérieux et de poser des questions directes afin d'obtenir d'autres informations pour déterminer jusqu'à quel point le risque suicidaire est élevé (nous reviendrons au chapitre 8 aux signes précurseurs du suicide).

SUICIDE, EUTHANASIE ET SUICIDE ASSISTÉ

Pour certaines personnes, l'euthanasie et le suicide assisté semblent être une catégorie spécifique de décès par suicide, alors que pour d'autres personnes il s'agit là de deux problématiques tout à fait différentes. Selon les définitions généralement acceptées, il existe plusieurs pratiques pour abréger la vie qui ne peuvent être inclues dans la catégorie des comportements suicidaires, puisqu'elles ne répondent pas aux définitions des comportements suicidaires que nous avons proposées plus haut. Ces deux catégories sont l'euthanasie et l'arrêt (ou le refus) de traitement :

Euthanasie

Le mot euthanasie est d'origine grecque et signifie « une belle mort ». Le sens originel d'une mort douce et facile a cependant évolué au cours des siècles pour signifier aujourd'hui « les actions menant à une mort douce et facile ». Le comité spécial du sénat du Canada sur l'euthanasie et le suicide assisté a défini l'euthanasie comme étant « l'acte intentionnel de la part d'une personne voulant mettre fin à la vie d'une autre personne afin d'abréger ses souffrances ». Dans le cas de l'euthanasie, la mort est donc provoquée par le geste d'une autre personne, souvent un médecin. Selon cette définition, nous ne pouvons pas considérer l'euthanasie comme étant un acte suicidaire. Il s'agit d'une situation où une personne met fin à la vie d'une autre.

Nous pouvons cependant nous demander si le processus qui mène à une demande d'euthanasie de la part d'un individu, habituellement atteint d'une maladie en phase terminale, est semblable au processus menant à la décision de s'enlever la vie par suicide. Une recension par Mishara des facteurs liés aux décisions d'abréger la vie par euthanasie ou suicide assisté chez les personnes souffrant de maladies chroniques ou terminales conclut que dans certaines situations le suicide et l'euthanasie semblent être liés à des processus similaires. Par exemple, dans plusieurs cas, la décision d'avoir recours à l'euthanasie est associée à une dépression non traitée plutôt qu'à la souffrance physique liée à une maladie terminale. Même si la population générale a tendance à sanctionner les actes d'euthanasie davantage que les décès par suicide, il n'est pas toujours évident qu'il existe une différence importante entre les dynamiques menant au suicide et à l'euthanasie. Cependant, parce qu'il s'agit d'une situation où un individu tue un autre individu, les lois de la plupart des pays (avec quelques exceptions notables dont les Pays-Bas, la Belgique) interdisent l'euthanasie, même si le suicide est considéré comme légal, c'est-à-dire comme non couvert par les lois.

Arrêt et refus de traitement

Un grand nombre de gens confondent l'euthanasie, définie comme étant l'acte intentionnel d'une autre personne causant la mort d'une personne souffrante, et les décisions d'arrêt ou de refus de traitement qui prolongent la vie, alors qu'un tel arrêt ou refus aurait pour conséquence la mort imminente de la personne. La possibilité de refuser un traitement qui maintient un individu en vie ou de mettre fin à un traitement en cours est souvent légale. Ainsi, au Canada, ces actes sont permis à toute personne jugée compétente.

Suicide assisté

Le suicide assisté implique les actes d'une personne (médecin ou non) qui fournit les moyens de se suicider ou les renseignements sur la manière de le faire à un individu désirant mettre fin à ses jours. L'État d'Oregon, aux États-Unis est le seul endroit en Amérique du Nord où le suicide assisté est autorisé par la loi. En Oregon, une personne qui répond à certaines exigences, y compris le fait de souffrir d'une maladie en phase terminale, peut demander à un médecin de lui prescrire des médicaments en dose mortelle que la personne elle-même pourra prendre pour se tuer. À part l'État d'Oregon, les pays qui n'ont pas légalisé l'euthanasie ont généralement des lois interdisant le suicide assisté, même si les peines pour suicide assisté sont nettement plus légères que pour l'homicide (et dans de nombreux pays l'euthanasie étant une forme de meurtre, elle est conçue comme étant un homicide). Puisque dans le cas d'un suicide assisté la victime se tue intentionnellement avec les moyens obtenus d'une autre personne, nous pouvons considérer le suicide assisté comme étant une situation de suicide complété. Très peu de recherches permettent de savoir si les dynamiques menant à une décision de s'enlever la vie par suicide assisté sont semblables ou non aux dynamiques menant au suicide complété dans d'autres circonstances.

CHAPITRE 3

Le suicide : un problème mondial

DIFFÉRENCES INTERNATIONALES

LE SUICIDE EST UN PHÉNOMÈNE inégalement distribué à travers le monde. Un survol de la distribution des taux de suicide à travers le monde dont la projection sur une carte géographique est diffusée sur le site Web de l'Organisation mondiale de la santé (OMS) fait voir d'un coup d'œil rapide que le problème n'est pas relié à une région en particulier, ni au produit national brut, ni aux écarts de niveaux de vie. Certains pays peuvent présenter des taux élevés pendant une génération puis voir le nombre des suicides baisser de façon visible, comme dans le cas de la Suède, récemment. D'autres, au contraire, comme l'Irlande ou la province de Québec, voient soudainement leur taux grimper en quelques décennies. Il serait donc hasardeux d'associer la fréquence des suicides à des caractéristiques sociales ou culturelles intrinsèques à une société. Ainsi, à l'instigation d'une remarque du président américain Eisenhower, on a véhiculé l'idée selon laquelle la Suède avait un taux de suicide particulièrement élevé à cause de son régime socialiste même si ce régime était davantage de type social-démocrate. Or, la Suède présentait un taux similaire durant sa période pré-social-démocrate.

La prudence est de mise également dans les comparaisons internationales à cause des variations dans les méthodes d'enregistrement des causes de décès et cela, même d'une administration à l'autre à l'intérieur d'un pays donné. Certains médecins doutent, par exemple, que tous les suicides soient correctement déclarés en zone rurale française. Dans plusieurs régions du monde où les liens avec le gouvernement central sont ténus, c'est souvent un responsable local ayant complété l'école primaire qui est en charge de l'établissement des causes de décès. Malgré ces facteurs liés à la collecte des données, il est tout de même rassurant d'apprendre que, dans les pays accueillant des immigrants, les taux de suicide des différentes communautés culturelles, surtout celles arrivées récemment, sont relativement similaires aux taux rapportés dans les pays d'origine.

La carte de la distribution des suicides de l'OMS montre que la région du monde la plus affectée actuellement comprend un vaste territoire qui s'étend des pays baltiques à la fédération russe tout en incluant deux anciennes républiques de l'URSS du Nord, soit l'Ukraine et la Biélorussie. Les taux très élevés d'alcoolisme dans ces pays représentent, selon les experts, la principale raison expliquant les suicides. D'autres pays comme le Sri Lanka, la Hongrie et la Slovénie font aussi partie des pays en tête de liste. Si la Chine rapporte un taux inférieur, elle compte néanmoins près de 44 % des suicides de la planète et plus de la moitié des femmes décédées par suicide à travers le monde proviennent de ce pays. Le gouvernement chinois commence d'ailleurs à lever les tabous et à s'intéresser davantage à ce problème particulièrement présent au sein de la population féminine des régions rurales pauvres. On vient d'y établir des services téléphoniques de prévention du suicide qui reçoivent des milliers d'appels chaque semaine. Les pays d'Europe, que ce soit à l'Est ou à l'Ouest, de même que le Japon, présentent généralement des taux moyennement élevés. Les pays anglo-saxons tels les États-Unis, le Canada (partie anglophone), le Royaume-Uni ainsi que l'Australie présentent en contrepartie des taux moyens. Les grandes régions dites du Sud, en particulier l'Afrique, les Antilles, l'Amérique du Sud, Cuba faisant exception, de même que les pays arabes et de religion musulmane ont des taux de faibles à très faibles. Des rapports médicaux portent à penser que le suicide et les conduites suicidaires deviennent un problème chez les jeunes des zones urbanisées du Maghreb. L'Inde présente des variations extrêmes dans un rapport de 1 à 50 entre le Bihar au Nord et le Kerala au Sud, celui-ci avec un niveau d'éducation et un taux de suicide plus élevé.

Il y a lieu d'être prudent dans l'interprétation des statistiques nationales, car les variations intérieures peuvent être significatives d'une région à l'autre ou entre la ville et la campagne. En Roumanie, par exemple, le suicide est principalement concentré dans la population de langue hongroise ; et au Canada, davantage chez les francophones et les autochtones. Ces derniers représentent 10 % de la population dans certaines provinces de l'Ouest du pays mais ils peuvent contribuer à 50 % des suicides.

Le suicide est directement relié à l'âge dans la très grande majorité des pays à travers le monde, c'est-à-dire qu'il se concentre dans les couches les plus âgées. Il y a pourtant des exceptions notables en milieu autochtone et dans quelques pays comme le Canada, l'Irlande, la Pologne et la Finlande, où il se concentre dans les âges dits productifs, soit entre 20 et 50 ans.

QUI SE TUE DAVANTAGE ?

Ce sont très explicitement les hommes et les personnes âgées qui sont les plus à risque de mourir par suicide sur le plan international. Ces catégories sont trop globales pour avoir une signification et les facteurs associés à ces statuts peuvent varier d'un pays à l'autre. Par ailleurs, les tentatives de suicide se concentrent davantage chez les femmes et les jeunes. En ce qui concerne les personnes âgées, le délaissement et l'abandon par les jeunes qui partent vers les villes peuvent être un facteur influent. Il y a un débat entourant la part du veuvage chez les hommes. C'est davantage le statut de veuf que la perte récente de l'épouse qui est en cause. Il serait important de mieux comprendre la trajectoire menant au suicide chez les personnes âgées, car ce groupe se distingue des autres catégories. Ce sont souvent des gens qui ont traversé la vie avec succès et qui ne présentent pas des psychopathologies aussi importantes que celles des jeunes qui se suicident.

Les personnes dépendantes de l'alcool et des drogues, particulièrement si leur consommation est excessive et qu'il n'y a pas d'intégration sociale ou professionnelle, représentent une autre cible de prévention prioritaire. Ces personnes sont particulièrement sensibles à l'échec amoureux. Les personnes pauvres ou de moyens modestes sont beaucoup plus exposées au danger du suicide que les personnes riches ou avec des revenus suffisants. Les personnes sans emploi, mais non nécessairement celles mises récemment au chômage, sont aussi à haut risque et cela est souvent relié à la présence d'un handicap d'origine psychiatrique. Il y a peu d'indices permettant de désigner des métiers ou des professions plus à risque, bien que certaines spécialités médicales et la médecine dentaire soient citées dans quelques études. Il faut aussi ajouter que les groupements humains dont la structure du mode de vie et de production a été radicalement bouleversée sont très à risque. Les facteurs sont le passage d'un mode de vie semi-nomade à la sédentarisation et l'introduction de la scolarisation obligatoire qui provoque un déséquilibre dans le rapport de pouvoir entre les générations.

LES DIFFÉRENCES HOMMES-FEMMES

L'une des constatations les plus régulières est la plus forte représentation des hommes par rapport aux femmes dans les statistiques sur le suicide, soit généralement un écart du double au quadruple. Il y a aussi des exceptions de taille, soit la Chine et l'Inde, deux pays qui comptent pour le tiers de la population mondiale avec plus de deux milliards d'habitants et pour près de la moitié des suicides dans le monde. La distribution est en effet assez similaire entre les deux sexes. L'interprétation de ces deux cas pour lesquels les données empiriques sont rares pourrait peut-être éclairer pourquoi nous observons l'inverse ailleurs. Les études que nous avons menées en Inde montrent que les femmes, en dehors des classes privilégiées, possèdent un statut très inférieur à celui des hommes, la raison principale étant que la fille est considérée à sa naissance comme appartenant à la famille dans laquelle elle va se marier. À l'âge adulte, lorsque survient un conflit marital grave et une séparation, c'est la femme qui écope et qui doit quitter foyer et enfants, sans trouver de véritable niche au niveau social, à moins de trouver refuge dans sa famille d'origine. Le nombre élevé d'homicides de ces femmes rejetées a été bien analysé dans la ville de Nouvelle-Delhi et on a découvert que, souvent, la famille tente de déguiser en suicide la mort violente de l'épouse en prétextant un feu dans la cuisine. En Chine également, le statut de la femme en milieu rural est à ce point déconsidéré qu'on oublie rapidement que l'une d'entre elles s'est suicidée et que la population locale ignore la dimension épidémique du problème. Notons enfin que le suicide féminin est aussi très élevé dans certaines régions rurales du Sri Lanka.

Malgré les inégalités en défaveur de la femme dans la plupart des pays, les vecteurs du suicide semblent plus présents chez l'homme. On ne fait toutefois référence ici qu'au suicide et non à la tentative de suicide beaucoup plus fréquente chez les femmes, en particulier à l'adolescence et au début de l'âge adulte, que chez les hommes.

L'une des explications classiques est que l'homme utilise davantage la violence extrême ou s'engage davantage dans les conduites à très haut risque que la femme. Les statistiques concernant les homicides, crimes graves avec lésion, conduites à haut risque de mort et accidents de toutes sortes depuis le plus jeune âge en fournissent une preuve incontestée. Les moyens employés par les hommes sont aussi plus létaux que ceux employés par les femmes lors des tentatives, la majorité de ces dernières ayant recours aux intoxications médicamenteuses alors que les hommes utilisent les armes à feu et la pendaison. Il faut noter à cet effet que la réduction du temps de transport vers les centres hospitaliers et l'amélioration des techniques de plus en plus efficaces de la médecine d'urgence contribuent à stabiliser ou à diminuer le nombre de suicides féminins.

Une explication culturelle voudrait que le suicide soit une solution plus acceptée par la société dans le cas d'un homme que dans le cas d'une femme. Il est en tout cas plausible que la culture de la violence associée au sexe masculin réfrène moins les hommes à utiliser des moyens extrêmes pour mettre fin à leurs jours. En Inde, on jette généralement le blâme sur une femme si un homme se tue, mais le suicide de la femme n'est que le résultat de ses écarts de conduite.

Il y a aussi de nombreux auteurs et auteures qui soutiennent que la difficulté de l'homme à accepter sa vulnérabilité et à chercher du soutien auprès de son entourage ou des services professionnels peut expliquer sa plus grande solitude émotionnelle et son éventuel découragement. Les statistiques de consultation médicales et psychologiques démontrent en effet que les femmes sont beaucoup plus portées à chercher de l'aide que les hommes, malgré le fait qu'elles ne présentent pas des taux de problèmes psychologiques significativement plus élevés. L'un des arguments que l'on entend souvent est que les soins psychologiques qui consistent à s'ouvrir à un thérapeute ne sont pas adaptés aux hommes qui sont formés socialement à ne pas laisser paraître leurs faiblesses. Les hommes préféreraient aussi rehausser leur estime de soi en étant de meilleurs pourvoyeurs ou en accomplissant des gestes concrets plutôt qu'en s'épanchant auprès d'un psychologue. Il n'en demeure pas moins qu'un nombre significatif d'hommes, soit environ le tiers, ont reçu des soins psychiatriques peu de temps avant leur décès. Cependant, ils ont souvent été pressés plus ou moins volontairement de se soumettre à une cure.

Une autre explication de nature culturelle fait valoir la difficulté des hommes à s'assumer dans un rôle bien balisé ; ils seraient les perdants dans la transformation de la culture, où les rôles tendent à être de plus en plus bisexuels. Une thèse en particulier fait valoir que les sociétés où les hommes se suicident beaucoup plus que les femmes, soit le Québec, l'Irlande, la Pologne et la Lituanie, sont des pays qui ont subi une longue occupation ou colonisation et que le pouvoir étranger mine davantage l'image de l'homme que celle de la femme. À l'opposé, il apparaît que les pays anglo-saxons où le suicide est moins répandu sont moins hésitants à proposer des héros plus machistes, des modèles masculins plus traditionnels. C'est certainement le cas dans les productions culturelles et dans la conduite des hommes publics aux États-Unis et, dans une moindre mesure, en Angleterre et en Australie.

L'analyse des taux différentiels entre les deux sexes fait découvrir un autre paradoxe. Nous savons en effet que le suicide est fortement associé à la dépression majeure. Cependant, le taux de dépression est environ le double chez les femmes que chez les hommes. En fait, le suicide est rarement associé à la dépression isolée, mais plutôt à la dépression accompagnée de troubles de comportement ou de dépendance à l'alcool et aux drogues. Or, cette présence simultanée de deux états pathologiques est plus souvent présente chez les hommes que chez les femmes. Il y a aussi des pays africains où les taux de dépression majeure peuvent atteindre le quart du groupe des femmes, particulièrement à la suite des guerres civiles et de l'épidémie de SIDA qui atteint jusqu'à la moitié de la population civile dans certaines régions du continent.

Enfin, le phénomène d'exclusion sociale peut expliquer la plus grande vulnérabilité des hommes par rapport au suicide. Le mari est le plus souvent éjecté de la cellule familiale dans les pays occidentaux. Habituellement, c'est l'épouse qui prend l'initiative d'un divorce et qui demeure au foyer avec les enfants et nombre de pères de famille coupent pratiquement tout contact avec leur famille après quelques années. Même si la femme peut vivre dans des conditions économiques plus défavorables et se retrouver seule avec la charge des enfants, elle n'en conserve pas moins une plus grande continuité avec sa vie antérieure, alors que l'homme doit se construire une nouvelle identité en dehors du foyer originel. Au stade de l'adolescence, cette explication ne vaut évidemment plus. Il y aurait lieu d'observer par contre si le garçon est plus souvent évincé du foyer familial pour cause de trouble de conduite que la fille.

VARIATIONS INTERCULTURELLES

La plupart des études épidémiologiques sur le suicide proviennent des pays occidentaux ou industrialisés et ils informent sur les facteurs de risque propres à ces pays. On y relève rarement des facteurs de nature culturelle en soi, mais plutôt des facteurs de risque qui peuvent être plus présents chez certains sous-groupes que d'autres.

L'abus d'alcool et de drogue est étroitement associé au suicide et nous verrons plus bas que plus de la moitié des suicides sont associés à un tel abus. Souvent, ces substances procurent un état de bien-être temporaire et une disparition de la souffrance morale, et c'est pour cela qu'on les considère comme une médicamentation au stress autoprescrite. Mais le fait d'avoir un rapport de cette nature avec une substance psychotrope est davantage le propre des femmes que des hommes. Chez les hommes, on sait depuis les études de McLelland que l'alcool, et particulièrement l'intoxication, permet de redorer une image de soi fragilisée et de vivre sur le plan du fantasme un désir narcissique de toute-puissance. Chez un groupe guerrier des îles du Pacifique, l'alcool a permis, après la colonisation, de déplacer l'expression des instincts guerriers sur un plan plus fantasmatique dans l'espace des débits de boisson. Il fallait en effet fournir un exutoire pour mettre fin aux comportements guerriers qui faisaient jusqu'alors force de loi avant l'arrivée des colons européens. Comme ces substances possèdent un effet dépressogène, elles peuvent mener à des états suicidaires après consommation prolongée et à la marginalisation sociale. Mais le rapport entre alcool, suicide et culture est très complexe et on ne peut s'en tenir à des explications simplistes. Si le suicide est étroitement lié à l'alcool dans la plupart des pays occidentaux, il n'en est pas de même dans d'autres pays où les intoxications sont fréquentes. Nous pouvons prendre l'exemple du Rwanda, où l'alcool de banane est largement répandu, et plusieurs pays d'Amérique latine ou des Caraïbes faisant une forte consommation d'alcool dérivé de la canne à sucre. Dans ces régions, la consommation semble plus socialisée et ne mène pas à un processus inexorable d'exclusion ou de marginalisation sociale comme c'est le cas plus au nord. L'usage prolongé d'alcool pourrait effectivement y rendre les gens plus tristes, mais sans produire les situations de désespoir si courantes dans les histoires de vie des suicidés.

On peut encore poursuivre la réflexion en se demandant pourquoi certaines sociétés sont davantage protégées contre le suicide plutôt que de s'interroger sur le fait que d'autres sont plus vulnérables. Dans les pays du Sud, il y a au départ un facteur démographique. L'élargissement à la base de la pyramide d'âge attribuable au taux de fécondité élevé et la rareté des personnes âgées contribue à diminuer le taux brut de suicide. Mais ces pays n'ont pas nécessairement des taux de dépression moins élevés, comme l'attestent les études épidémiologiques, en particulier celles en provenance de l'Afrique subsaharienne, ni moins de maladies mentales graves, bien que le pronostic pourrait être plus positif dans ces derniers cas, ainsi que le démontrent les études comparatives de l'OMS sur l'évolution de la schizophrénie. Plusieurs hypothèses non exclusives sont proposées pour interpréter les faibles taux. Tout d'abord, le soutien social serait davantage disponible par le biais des réseaux complexes de la famille étendue, ce qui fait que la relative absence d'une famille intacte, comme en Jamaïque, ne pose pas un problème aussi grave pour assurer la socialisation des enfants qu'elle ne le fait dans les grandes agglomérations métropolitaines où de nombreuses femmes font face seules au défi d'élever des enfants. La surveillance sociale peut également jouer un rôle non négligeable. Dans certains milieux, il y a lieu de faire un effort particulier pour se retrouver hors de la vue de quiconque suffisamment longtemps pour mettre en plan son suicide. Au Mexique, les gens s'approchent spontanément de quelqu'un qui est seul dans un lieu public, et surtout s'il paraît en difficulté. Enfin, les valeurs de solidarité sociale dans les milieux de très grande indigence comme en Haïti exigent un effort de chacun pour le bien-être de tous et le suicide n'est pas bien accepté. Dans d'autres pays, aussi sous le signe d'une forte solidarité sociale dans un contexte de survie, l'esprit du suicidé est censé venir hanter les vivants longtemps après le décès dans certains cas.

La comparaison entre le cas du Japon et celui du Québec peut servir à démontrer comment le contexte culturel du rejet familial de l'adolescent, qui est un facteur de risque important du suicide, peut être associé à des situations très différentes d'un pays à l'autre. Au Japon, l'adolescent ou l'adolescente porte sur ses épaules la réputation de la famille et il en assure l'avenir d'abord par ses succès scolaires et ensuite grâce à une position professionnelle favorable ou un mariage réussi. En cas d'échec académique, la honte retombera sur ses parents et il préférera parfois disparaître plutôt que d'incarner la déchéance de la lignée, comme en témoignent certaines histoires de cas en provenance de ce pays. Au Québec, l'enfant n'a pas à assumer une telle responsabilité, et l'échec scolaire ne mène pas à une remise en question de la réputation de la famille. Par contre, certains parents québécois réclament avoir droit à une qualité de vie minimale et si l'adolescent dérange trop la quiétude par des écarts de conduite délinquante, par exemple, on lui fera savoir qu'il n'est plus désiré. Et au Québec, la problématique du suicide chez les jeunes se rencontre bien davantage chez les jeunes de la rue exclus de leur famille d'origine que chez ceux et celles qui ont subi un échec universitaire.

La religion exerce encore une force inhibitrice. Le rôle de l'interdit religieux est sans contredit efficace en terre musulmane. En Afrique du Nord, le suicide est tabou et on est gêné d'en parler directement. Des vérifications auprès de psychiatres et de médecins fonctionnaires en Tunisie et au Maroc confirment cependant que le suicide, même si parfois occulté, demeure encore peu fréquent. Et que ce soit au Pakistan ou en Égypte, où on ne discute pas aisément du suicide, les taux sont exceptionnellement bas. Les religions orientales comme l'hindouisme ou le bouddhisme, bien que ne sanctionnant pas le suicide, ont des attitudes plus tolérantes et un courant hindouiste intégriste évoque avec nostalgie le suicide ritualisé de la veuve, ou sati, pour suivre son défunt mari. Comme ces religions croient en la réincarnation, le suicide fait moins problème si l'on croit que tout ne s'arrête pas avec la mort et surtout si l'âme revient sur terre pour obtenir une seconde chance. Enfin, aux États-Unis, l'ampleur du phénomène des sectes religieuses fondamentalistes ainsi qu'une pratique religieuse générale très répandue pourraient contribuer à expliquer le taux relativement bas de suicide.

CHAPITRE 4

Caractéristiques personnelles associées au suicide

PROBLÈMES PSYCHIATRIQUES

LA PLUPART DES HOMMES ET DES FEMMES qui s'enlèvent la vie sont très malheureux et acculés au désespoir sans être en mesure d'entrevoir une solution immédiate à leurs problèmes ou leur mal de vivre. Ils manifestent donc cette vision en tunnel qui ne leur fait voir que leur malheur et la mort comme unique solution. Il n'est pas surprenant que, dans ces circonstances, la plupart présentent des signes évidents de troubles psychologiques, comme l'ont maintes fois démontré des recherches utilisant la méthode de l'« autopsie psychologique ». Bien que cette approche, qui consiste essentiellement à interviewer les proches du suicidé, ait été employée à l'origine par Norman Farberow et Ed Shneidman pour mieux comprendre les motifs menant au suicide, elle a souvent été réduite en milieu médical à l'identification des troubles psychiatriques présents au moment du décès. En Amérique du Nord, on a aussi tendance à qualifier de maladie mentale, et parfois même de problème relié au cerveau, tout problème d'intérêt psychiatrique contrairement à l'usage européen qui réserve l'appellation de maladie mentale aux seuls désordres chroniques et persistants. Comme la majorité de ces suicidés n'ont pas été examinés peu avant leur décès, on procède à une enquête approfondie avec l'aide d'un proche sur tous les symptômes de nature psychiatrique présentés par le décédé et une équipe d'experts pose un diagnostic sur la base de ces données.

L'ensemble des chercheurs s'accorde à dire que la très grande majorité des suicides, soit plus de 80 %, correspond à un ou à plusieurs diagnostics psychiatriques ayant pour base les critères du *Diagnostical Statistic Manual, version IV*, le manuel de référence de l'American Institute of Psychiatry (Association américaine de psychiatrie). Ces études portent à l'occasion sur un très large bassin de population, et une étude menée en Finlande comptait pas moins de 1 500 cas de suicide. Elles ont été menées dans plusieurs pays occidentaux et dans deux pays asiatiques, soit l'Inde et Taiwan. Il est à noter toutefois qu'un expert de la Chine comme Michael Phillips ou les psychiatres du Sri Lanka ne sont pas prêts à admettre que plus de la moitié des décès dans ces pays sont associés à une maladie mentale.

Les troubles affectifs

La dépression majeure et les troubles dépressifs sont de loin les états les plus fréquemment identifiés lors des autopsies psychologiques et on les retrouve chez plus de 40 % des suicidés. Cette observation ne doit toutefois pas alarmer inutilement les personnes qui souffrent de dépression majeure ou dont un membre de leur entourage en souffre, car ce sont les formes les plus graves de la maladie qui présentent un risque élevé de suicide et pour lesquelles une hospitalisation est souvent à conseiller. Certains experts soutiennent même que la simple dépression en l'absence d'autres formes de troubles psychiques peut protéger contre le suicide. Elle peut en effet s'apparenter à une sorte d'hibernation des fonctions vitales (sommeil, libido, alimentation) pour refaire les énergies, un peu comme le corps humain dépense moins d'énergie dans les époques de famine. Le tableau le plus caractéristique est de retrouver chez les suicidés un épisode dépressif qui se complique d'un problème relié à l'alcool ou aux drogues. Il s'y rajoute aussi souvent un autre état appelé troubles de la personnalité. Cet état est propre aux personnes qui ont beaucoup de difficulté à contrôler leur caractère et leur comportement, qui n'arrivent pas à construire des amitiés stables avec des gens de leur entourage et qui peuvent à l'occasion devenir violentes et avoir des problèmes avec la justice.

C'est l'amalgame de dispositions dépressives accompagnées de débordements d'énergie propres aux personnes qui sont impulsives ou ayant une tendance à un comportement fébrile qui représente un danger en puissance pour le suicide. Les cliniciens observent que c'est souvent au sortir d'une dépression qu'un patient attentera à sa vie, c'est-à-dire au moment où il commencera à prendre possession de ses énergies mises en veille. Les troubles bipolaires, caractérisés par des phases successives de repli sur soi et d'agitation, mieux connus depuis un siècle sous l'appellation de maniacodépression, sont aussi particulièrement dangereux en ce qui concerne le suicide, puisque plus de 10 % des personnes affectées mettent fin à leurs jours. Mais encore une fois, la plus grande prudence est de rigueur lorsqu'on en vient à vouloir tirer cette conclusion. En effet, cette maladie à composante élevée d'hérédité se retrouve dans certaines souches de familles bipolaires, comme chez les Amish de la Pennsylvanie, mais non pas dans d'autres lignées familiales porteuses de la même hérédité. Ce sont les formes à caractère plus dépressif qui sont les plus à risque, et davantage si l'alcoolisme est présent. Les formes de manie pure ne présentent pas quant à elles de danger plus élevé que les autres états.

Toutes ces considérations peuvent contribuer à comprendre pourquoi certains groupes, celui des femmes, par exemple, ou certains pays africains peuvent connaître des taux élevés de dépression en l'absence de taux élevés de suicide et cela, malgré le fait que les pensées suicidaires soient un symptôme fréquent de la dépression aux États-Unis. De même, comme l'affirme Kate Redfield Jamison, il pourrait être contre-indiqué, comme le proposent certains experts en santé publique, de prescrire trop rapidement des antidépresseurs à une catégorie de patients dépressifs, car cela pourrait avoir pour effet de libérer les énergies nécessaires à réaliser un projet de suicide. Des études scandinaves montrent d'autre part que l'augmentation de l'usage de ce type de médicaments correspond à une baisse des taux de suicide, ce qui n'a pas été nécessairement le cas dans d'autres pays qui ont également connu une hausse de l'utilisation de ces médicaments sans baisse significative du taux de suicide.

Les troubles de la personnalité

Les troubles de la personnalité, et en particulier de la personnalité limite, sont présents dans environ un tiers des cas de suicide. Les troubles de la personnalité limite sont caractérisés par le changement brusque des humeurs, des explosions de colère, des rapports d'amour-haine, l'aisance relative à se faire des copains et la grande difficulté à développer des amitiés durables, la phobie de la solitude et le sentiment de vide existentiel. On estime que 10 % des gens affectés par les troubles de la personnalité limite meurent par suicide, sans compter de nombreux autres qui tentent de se suicider de façon répétée. Le geste suicidaire ou d'automutilation est presque universel dans le cas du trouble de la personnalité limite et il s'effectue aussi bien sur fond de manipulation que par manque de raisons de vivre. Jusqu'à récemment, on croyait que ces gens présentaient peu de danger de réaliser leur suicide à cause de l'aspect manipulateur de l'acte et de sa superficialité. On doit désormais se rendre à l'évidence qu'un geste irréparable peut suivre plusieurs tentatives sans conséquence grave. Les troubles de la personnalité antisociale sont également à haut risque. Ce sont plus souvent des gens qui abusent de leur entourage et qui se retrouveront en prison à la suite de méfaits. Eux aussi ne donneront pas toujours l'impression de pouvoir mettre fin à leurs jours. Encore une fois, l'abus de substances et la dépression accroissent considérablement le risque de suicide dans cette catégorie de troubles de la personnalité.

Alcool et drogues

Les troubles reliés à l'alcoolisme et aux drogues, et de plus en plus fréquemment aux deux substances à la fois, sont présents dans près de 40 % des suicides et peuvent approcher les deux tiers dans les échantillons masculins entre 20 et 50 ans. La cocaïne est de nos jours le psychotrope le plus souvent identifié. Encore ici, ce ne sont pas tous les alcooliques qui sont nécessairement suicidaires et certaines études estiment que seulement 5 % d'entre eux mourront éventuellement par suicide. Si l'alcool tue à petit feu, selon le dicton populaire, on peut également ajouter qu'il ne conduit pas au suicide du jour au lendemain. Murphy rapporte en effet que les alcooliques se suicident après une longue période d'alcoolisation, soit une vingtaine d'années en moyenne, et nous retrouvons ce type de suicide davantage dans la période de la quarantaine que chez les adolescents, les jeunes adultes et les personnes âgées. N'est pas à risque toute personne qui développe une dépendance, mais surtout les consommateurs qui boivent encore plus que la moyenne des gens qui vont en traitement. Ces alcooliques qui se suicident tendent également à n'avoir aucune insertion professionnelle, à présenter une intégration sociale faible et à faire preuve de violence. Sans la présence simultanée de quelques-uns de ces facteurs de risque et de l'expérience d'une perte récente, le risque de suicide est beaucoup plus faible.

La schizophrénie

La schizophrénie est une maladie mentale grave, quoique moins fréquente parce qu'elle affecte moins de 1 % de la population. Ce diagnostic représente aussi un risque élevé de suicide, à l'égal de la dépression ou des troubles bipolaires, soit environ 1 sur 10. Les circonstances entourant le premier épisode psychotique représentent une épreuve très difficile pour les jeunes aujourd'hui, et la moyenne d'âge au moment du suicide dans cette catégorie de patients est peu élevée. La forme paranoïde de la maladie présente plus de risque que les autres formes. Le risque augmente aussi s'il y a présence de dépression. Ce sont les états associés à une plus grande conscience de la maladie qui présentent un danger parce que la personne est plus à même de se rendre compte de la diminution de sa qualité de vie. Le cas est particulièrement dramatique chez les jeunes qui ne sont plus en mesure de socialiser avec les copains de leur âge et qui sont contraints à se replier sur des groupes marginaux.

Liens possibles entre maladie mentale et suicide

En résumé, on peut dire que ce sont presque tous les troubles psychologiques graves qui entraînent un danger de suicide. Les opinions sont plus partagées sur le danger que présentent les états d'anxiété, sauf les états de panique, les troubles d'obsession-compulsion et les troubles de l'alimentation comme l'anorexie et la boulimie. Si les troubles psychiatriques, pris dans un sens très large à l'américaine, sont un élément presque toujours présent dans le geste suicidaire grave, il faut reconnaître que la plupart des patients représentent un risque peu élevé et que la grande majorité vont mourir de mort naturelle comme le reste de la population. Malgré ce fait, il n'en demeure pas moins qu'un grand nombre de patients et de patientes qui vont en consultation psychiatrique, surtout parmi les jeunes adultes, présentent à des degrés divers, des tendances suicidaires. De même que nous sommes maintenant en mesure d'identifier avec beaucoup plus de précision le tableau du chauffard à haut risque de se tuer sur la route, nous parvenons progressivement à tirer un portrait de plus en plus détaillé des personnes à haut risque de suicide : comorbidité, symptomatologie psychiatrique plus prononcée que les personnes avec le même diagnostic, histoire de tentative de suicide, état dépressif accompagné d'impulsivité et d'irritabilité. On reconnaîtra par contre que ces personnes ne sont pas des cas qui réagissent bien aux formes classiques de thérapie, qu'elles ne sont pas toujours les plus attrayantes pour les thérapeutes et qu'il faudra développer des stratégies originales pour leur venir en aide.

Si certains psychiatres, tel Shaffer, avancent que la maladie mentale est la principale cause, pour ne pas dire l'unique cause du suicide, il n'existe pas de preuve scientifique qui puisse appuyer cette proposition. Une association n'est pas une explication. Les personnes qui commettent des homicides ou des délits graves souffrent également de troubles mentaux et on ne prétend pas en faire l'unique cause explicative. Nous sommes d'avis que les attitudes et les diverses formes de rejet à l'égard des personnes atteintes de troubles psychiatriques jouent un rôle important. Cette mise à l'écart peut provenir autant de la société que de la famille et des équipes de soins, épuisées par des formes de pathologie complexes, difficiles à traiter et qui posent des défis de taille. La désinstitutionnalisation des asiles il y a 40 ans a créé des cohortes de personnes sans domicile fixe, en marge de la vie sociale et exposées aux conditions pénibles de survie en zone métropolitaine. La disparition d'emplois à horaire souple et exigeant de faibles ressources mentales n'a pas contribué à améliorer la situation de ces personnes handicapées. Le phénomène de l'éclatement des familles nucléaires et de l'absence du père, et le fait que la parenté ne remplit plus autant un rôle de filet de sécurité, font qu'il y a actuellement moins de barrières dans notre société pour encadrer et ramener à l'ordre des individus à caractère impulsif et dangereux. Enfin, la culture de la compétition individuelle rend l'échec personnel encore plus humiliant et ne fait aucune place à ceux dont le fonctionnement mental et affectif est déficient. Enfin, le thème réitéré de l'impulsivité dans la littérature sur le suicide nous met face aux contradictions de la modernité. Cette société qui tend à encourager les initiatives de l'individu et à ne pas contrarier son développement et sa créativité, elle doit se rendre compte qu'elle crée un danger en n'intervenant pas lorsque des personnes sont aux prises avec des problèmes de contrôle de leurs émotions.

En conclusion, nous citerons les constats d'une équipe allemande qui s'était donné pour but de décrire un syndrome propre au suicide, c'est-à-dire des signes propres aux patients qui se suicident. L'étude découvre que, tous diagnostics confondus, c'est le désespoir qui est la caractéristique principale des patients qui s'enlèvent la vie. Il s'agit là d'un problème existentiel autant que médical et qui exige des solutions qui doivent s'attaquer aux deux racines du mal.

PERSONNALITÉ ET FACTEURS PSYCHOLOGIQUES

Impulsivité et agressivité

Jusqu'à récemment, la représentation du suicidaire était souvent celle d'une personne découragée, taciturne, repliée sur elle-même. Si ce portrait correspond en effet au portrait de certaines personnes qui s'enlèvent la vie, plus particulièrement chez les aînés, il omet de prendre en ligne de compte le caractère impulsif et agressif qui anime une grande partie des personnes qui s'enlèvent la vie. De plus en plus d'équipes de recherche, autant dans le domaine psychosocial que génétique, comme l'équipe de Turecki de l'hôpital Douglas à Montréal, s'affairent à mieux définir les caractéristiques de la personnalité impulsive des personnes décédées par suicide.

Plusieurs observations importantes et reprises maintes fois viennent étayer l'importance de l'impulsivité dans les décès par suicide des personnes de moins de 40 ans. Tout d'abord, les entretiens auprès de personnes soignées dans des hôpitaux à la suite d'une tentative de suicide qui a risqué de leur coûter la vie révèlent que plus de la moitié d'entre elles n'avaient pas réfléchi très longtemps avant de passer à l'acte. Il est vrai, d'autre part, que les individus qui ratent leur coup sont généralement plus impulsifs que ceux qui vont jusqu'au bout, cela étant en partie attribuable au manque de préparation et à la précipitation du geste. Beaucoup de suicides sont commis durant les 48 heures qui suivent un événement dramatique, la plupart du temps la dissolution ou la menace de dissolution d'une relation de couple. Et ce n'est pas seulement dans la façon de se donner la mort que ces personnes apparaissent impulsives ; en effet, grâce à des tests de personnalité, on a observé que ce trait était spécifique à l'ensemble des comportements de ces individus et ce, au cours de toute leur vie. Par exemple, les alcooliques suicidaires sont plus impulsifs que les alcooliques qui ne le sont pas.

Henry et Short ont publié une thèse en 1954 qui propose que les gens plus défavorisés sur le plan économique expriment leur frustration par la violence envers les autres, tandis que les personnes plus scolarisées retournent leur violence contre elles-mêmes. Cette thèse, qui a longtemps alimenté les idées reçues est aujourd'hui contredite par plusieurs études qui montrent qu'il y a une corrélation entre tendance suicidaire et violence à l'égard d'autrui, comme l'avait proposé Karl Menninger. On estime en effet que de 10 % à 20 % des personnes qui commettent des gestes suicidaires graves ont déjà posé un acte violent grave à l'égard d'autrui. Et près d'un tiers des personnes violentes ont déjà tenté de s'enlever la vie. Notre propre étude auprès d'hommes adultes décédés par suicide illustre très bien que plusieurs d'entre eux étaient agressifs envers leur conjointe ou fréquentaient des milieux criminels.

Il y a lieu de débattre si c'est l'impulsivité qui augmente directement la vulnérabilité au suicide ou plutôt une longue évolution qui fait en sorte que les gens impulsifs et agressifs finissent par payer pour les torts infligés aux autres et pour l'absence de recours à d'autres solutions pour s'en sortir.

C'est l'argument développé par Van Heeringen, Hawton et Williams. Pour eux, la tendance à se mettre en colère et à se rebeller finit par avoir des limites parce que les sautes d'humeur représentent une fuite par rapport aux problèmes et l'absence de solutions. Après un certain temps, l'individu est coincé et ne peut plus s'en sortir aussi facilement. C'est alors que naissent le découragement, la dépression et le désespoir et que la violence finit par se retourner contre soi.

La rigidité de la pensée

De nombreux travaux de psychologie, en particulier ceux menés indépendamment par Neuringer et par Levenson, identifient un autre trait de personnalité fréquent chez les personnes suicidaires : elles sont portées à être rigides dans leur façon de penser et à voir le monde en noir et blanc. Ces personnes ont aussi tendance à s'en remettre aux autres pour régler leurs problèmes, à se laisser porter par la vie. Dans la vie de tous les jours, l'une des façons de se sortir d'une situation difficile est de se remémorer des souvenirs d'incidents similaires dans son passé afin de voir ce qu'on a été en mesure de faire pour traverser l'épreuve. C'est justement sur ce plan que les personnes suicidaires affichent un handicap, c'est-à-dire qu'elles se montrent difficilement capables d'évoquer de tels moments.

Désespoir et découragement

Il y a rarement des suicidés heureux, comme nous l'avons vu plus haut, du moins au moment de mettre leur décision finale en action. Si cette conclusion semble aller de soi, il serait tout de même important de savoir comment se construit ce désespoir afin de réussir à le mettre en échec.

Dans une certaine mesure, le thème du désespoir fait pendant à celui de l'impulsivité. Nous ne sommes pas d'opinion que l'impulsivité en soi mène les gens directement au suicide. Ce trait de personnalité doit en effet se retrouver dans des proportions semblables aussi bien chez les peuples à taux faibles que chez ceux à taux élevés de suicide. L'individu impulsif a cependant tendance à se mettre à dos son entourage en se montrant colérique, en abandonnant ses emplois, en battant sa conjointe ou en s'impliquant dans des accidents. C'est souvent le résultat de tous les échecs reliés à des actes irréfléchis et à des agressions contre l'entourage qui amènera progressivement l'individu impulsif à douter de lui-même et de sa capacité de pouvoir faire partie d'un groupe social ou d'une famille. Si ce n'est pas l'individu impulsif qui se décourage en premier, ce sera sa conjointe, ses enfants ou même son médecin soignant ou son thérapeute. Son désespoir reflète alors la reconnaissance de l'échec de son entourage à pouvoir vivre avec lui et cela se traduit par des expériences de rejet, tels le message que la vie de couple ne peut plus durer, une éjection par les colocataires ou les parents.

D'autres suicidaires font davantage voir des attitudes perfectionnistes que des conduites irréfléchies. Ces gens croient en particulier que leur entourage entretient des attentes très élevées et irréalistes par rapport à ce qu'ils arrivent à produire. En même temps, ils doutent du soutien que peut leur apporter cet entourage. Combien d'adolescents, par exemple, se suicident avant d'avoir atteint leur plein potentiel et écrivent dans leur note *post-mortem* qu'ils considèrent leur vie comme un échec irrémédiable ! Pourtant, objectivement, rien ne permettait de croire qu'ils ne réussiraient pas aussi bien dans la vie que la moyenne des gens.

TRAJECTOIRE DE VIE

Le suicide ne survient pas spontanément, sans avertissement, même s'il peut parfois donner cette impression aux proches qui n'ont vu aucun signe annonciateur ou aux compagnons et compagnes du milieu scolaire ou professionnel. Lorsque Hubert Aquin disait que le suicide était une carrière, il révélait bien une partie de la vérité sur cette fin mystérieuse. L'analyse de centaines d'histoires de cas nous convainc que le suicide se construit sur une période de plusieurs années, qu'il est l'aboutissement d'un long processus ayant ses sources dans l'enfance et qu'il est parfois relié à des événements qui entourent la naissance. Nous nous inscrivons en cela dans la ligne de pensée du modèle de George Brown et Tirril Harris qui ont consacré leur carrière, en Angleterre, à démontrer que la vulnérabilité à la dépression commençait à s'établir très tôt dans l'enfance et dépendait de la qualité des soins donnés par les parents ou leurs substituts. L'abus et la négligence vécus à cette époque provoquent un attachement insécure aux figures parentales parce que les besoins normaux d'un enfant ne sont pas comblés. Deux types de relations problématiques peuvent alors en découler. Dans un premier cas, l'enfant demeurera distant, détaché, et il se repliera sur lui-même parce qu'il n'arrivera pas à faire confiance à ses parents. Dans le second scénario, il développera un lien anxieux et il vivra une relation fusionnelle avec des demandes irréalistes et le besoin de déverser son angoisse sur les autres. Cette déficience dans le pattern d'attachement se transposera dans la relation amoureuse à l'adolescence et au stade adulte. Le succès marital est hypothéqué dès le départ parce que la personne peut difficilement développer une relation de confiance ; elle sera facilement méfiante ou aura des attentes irréalistes envers le partenaire.

Passé familial

Les recherches fournissent peu de détails sur l'histoire familiale des personnes décédées par suicide. Les chercheurs qui ont approché les familles pour procéder à des investigations approfondies se sont davantage intéressés aux motivations qui avaient mené au suicide ou au statut psychiatrique. Il est aussi délicat d'approcher les parents d'un suicidé pour enquêter sur les abus et négligences au cours de l'enfance. Pour cette raison, la plupart des informations disponibles sont tirées d'études sur des tentatives de suicide.

Même si la séparation parentale est associée aux tentatives de suicide chez les jeunes, ce n'est pas tant le fait que la famille soit intacte ou non qui est déterminant que la qualité des relations avec les parents avant tout comme après la séparation. Nos enquêtes auprès d'adolescents et de jeunes adultes ayant commis une tentative de suicide montrent qu'une mauvaise relation avec le père joue une part plus importante qu'une mauvaise relation avec la mère, pour la simple raison que le père est souvent moins présent auprès des enfants. Il ressort que les comportements violents, souvent associés à l'alcoolisme, sont un des éléments qui affectent le plus la relation père-enfant. Les nombreuses études ont mis en cause les abus physiques, l'immaturité de la mère et la mise en foyer d'accueil. Les jeunes ayant vécu un abus sexuel sont à haut risque de faire une tentative mais il n'est pas prouvé qu'à l'inverse, l'abus sexuel soit une expérience fréquente chez les jeunes qui font une tentative de suicide.

En ce qui concerne le suicide chez les jeunes, une étude rapporte que l'abus physique est plus fréquent dans un groupe décédé par suicide que parmi les amis de ces jeunes.

Deux études démontrent qu'il y a plus de probabilités qu'un jeune qui s'est suicidé ne vivait pas avec ses deux parents à la fois au moment du décès. De même, les risques sont plus élevés dans ce groupe que dans la population générale qu'un des deux parents ait fait un geste suicidaire, présente un trouble affectif, le plus souvent de nature dépressive, ou ait abusé de l'alcool ou de drogues.

Une étude menée au Québec révèle également des récits d'histoire familiale très chargée chez des personnes ayant commis un homicide suivi d'un suicide. Dans la majorité des cas, il y avait une histoire familiale chaotique ponctuée de nombreux exemples d'abus et de négligence. Une autre étude menée auprès d'hommes adultes décédés par suicide montre qu'environ les deux tiers de ces hommes ont une vie hypothéquée par une lourde histoire familiale présentant la plupart des problèmes suivants : indifférence parentale, supervision relâchée ou exagérée, abus physique, abus psychologique, antipathie, manque de chaleur, favoritisme d'un autre enfant, renversement des rôles. Environ 40 % de ces hommes ont vécu un abandon ou un rejet grave de la part de l'un ou des deux parents. Il ressort que la conduite du père est souvent reliée à l'alcoolisme ou à un problème de personnalité et que celle de la mère découle d'un trouble psychologique. Il est à noter cependant qu'il y a peu de conduites parentales problématiques dans le tiers des cas. On observe cependant souvent un mauvais couplage entre des parents dont la discipline est relâchée et un enfant au tempérament difficile qui teste sans cesse leurs limites. Il ne fait aucun doute qu'une intervention précoce pour prévenir les problèmes graves au sein de la famille aiderait grandement à réduire le nombre des suicides.

Événement déclencheur

En considérant l'histoire de vie récente des jeunes et des moins jeunes qui s'enlèvent la vie, on peut vite en arriver à la conclusion que l'amour peut être une maladie mortelle. La majorité des suicides sont en effet précédés de ce qu'il est convenu d'appeler une peine d'amour ou un conflit majeur avec quelqu'un qu'on aime. Les séparations maritales ou les bris d'une longue ou d'une moins longue relation sont nombreux. Parmi les gens qui se suicident, les personnes ayant un problème de drogue ou d'alcool semblent être encore plus sensibles à ce type d'expérience.

Qu'est-ce qui fait que la fin d'une relation ou la simple menace qu'elle se termine puissent avoir des conséquences si désastreuses pour certains, surtout à une époque où les séparations font partie des mœurs de la vie moderne, à la ville comme à la campagne, et qu'il existe en conséquence tellement d'occasions de refaire sa vie avec une autre personne ? Il faut bien sûr replacer ces séparations dans leur contexte spécifique afin de jeter un peu de lumière sur la trajectoire qui mène au suicide. Tout d'abord, ces relations amoureuses n'ont pas nécessairement été faciles dans les semaines et les mois précédant le décès. Il est difficile pour une personne qui a vécu des abus au cours de l'enfance de se sentir à l'aise et en sécurité dans une relation amoureuse. Elle a tendance à se replier sur elle-même, à ne pas exprimer ses émotions, ou encore à se mettre en colère pour des riens parce qu'elle manque de confiance en elle. Par ailleurs, elle va être très dépendante affectivement tout en ayant peur de l'intimité. Dans beaucoup de cas, il y a en plus un problème grave de drogue ou d'alcool. Avec les drogues en particulier, surviennent des problèmes d'endettement, souvent auprès de fournisseurs. En cas de difficulté à payer ses dettes, la personne doit faire des petits vols, revendre de la drogue, sans quoi elle devient l'objet de menaces.

La conjointe, car il s'agit le plus souvent des hommes qui sont en cause dans le suicide, se retrouve donc dans beaucoup de cas en présence d'un partenaire ayant des problèmes graves, qui peut être violent à l'occasion, qui néglige les enfants et qui est un mauvais pourvoyeur. Comme on peut le comprendre, cette situation se détériore sur une longue période. Il peut y avoir des séparations temporaires, des tentatives de réconciliation, des essais de désintoxication avortés mais, finalement, la conjointe en arrive au bout de ses forces et décide que cela a assez duré ou commence à exprimer son désir de séparation définitive. La séparation ou la menace de séparation est ressentie durement, car elle peut faire revivre à l'homme de fortes émotions liées à l'abandon ou au rejet ressenties lors d'incidents familiaux dans l'enfance. Son orgueil est fortement blessé et le geste de désespoir peut être fait quelques jours plus tard ou même quelques heures dans certains cas. Ce qui est particulier dans ces cas, c'est le motif de la séparation. La conjointe est épuisée parce qu'elle s'attend à ce que l'homme change son comportement, ce que celui-ci n'est pas en mesure de faire lui-même puisqu'il n'arrive pas à contrôler ses émotions et sa dépendance aux substances. Enfin, parfois, le suicide ne se produit pas à l'occasion de la séparation. Dans ces situations, même après plusieurs mois, la personne garde un secret espoir de reprendre la vie commune. C'est alors un incident en apparence banal, comme le refus de l'ex-conjointe à accepter une invitation, qui marque le point de non-retour et la perte du mince espoir. Pour résumer, on imagine que, contrairement à d'autres situations de dissolution de relation, l'homme suicidaire n'arrive pas à se projeter dans l'avenir et à rêver qu'il pourrait potentiellement recommencer ailleurs avec un peu plus de chances.

L'autre facette du malheur de la séparation maritale est l'éloignement des enfants ou les conflits avec les enfants eux-mêmes. Certains pères se sentent aliénés des enfants qui sont entrés en relation fusionnelle avec la mère, d'autres vivent des situations avec leurs enfants qu'ils perçoivent comme des rejets, tandis que d'autres prennent conscience qu'ils sont en train de faire revivre à leurs enfants les souffrances que leur ont fait subir leurs propres parents. Les enfants sont parfois arrivés au stade adulte et ils refusent de rencontrer leur père ou leur manifestent de l'amertume ou du ressentiment.

Même si ces hommes sont des adultes, ils ont encore à côtoyer des parents avec qui ils n'ont pas eu une vie familiale heureuse et à qui ils demeurent néanmoins attachés. Au cours de la dernière année de leur vie, beaucoup d'hommes vivent un événement difficile avec leur mère ou avec leur père : mère qui exige une explication à son fils au sujet de la cocaïne trouvée dans son pantalon, ou qui l'aperçoit dans la rue avec une prostituée dont il est le proxénète ; père dont la supervision était relâchée et qui refuse de discuter d'un abus sexuel subi par le fils autour de 10 ans commis par un de ses professeurs ; père qui refuse de prendre sous son toit un fils atteint de schizophrénie et qui a été mis à la porte par ses colocataires après un séjour à l'hôpital ; etc. Il ne faut donc pas négliger dans la genèse du suicide l'importance des liens intergénérationnels.

Les recherches mettent aussi en lumière les problèmes avec la justice de même que les conflits avec l'entourage. Comme beaucoup des suicidaires ont des troubles de la personnalité, qu'ils ont de la difficulté à réfréner leur impulsivité, ils ont tendance à se mettre dans une situation embarrassante. Les problèmes avec la justice sont loin d'être le fait de la majorité, mais ils touchent davantage ce groupe que l'ensemble de la population. Ils ont des origines différentes : criminelles, comme un vol, une menace de mort à l'endroit des amis de sa fille, ou la conduite en état d'ébriété ; infractions mineures, comme des contraventions impayées ou une hospitalisation involontaire à la suite de méfaits publics. Il ne faut pas non plus ignorer l'importance du monde interlope et que plusieurs se retrouvent prisonniers dans les mailles d'un réseau criminel au moment de leur décès. Un nombre appréciable de consommateurs de drogues sont réduits à devoir vendre de la drogue afin de payer leurs dettes et, lorsque cela ne suffit pas à les sortir de l'impasse, ils reçoivent des menaces de la part des prêteurs et ils commencent aussi à craindre que les membres de leur famille soient en danger.

Une autre question d'actualité est celle du chômage et de l'influence de ce facteur sur le taux de suicide. Une partie importante des personnes en âge de travailler qui se suicident — le taux peut atteindre 40 %, comme c'est le cas au Québec — est en effet sans emploi au moment de se donner la mort. Ce nombre inclut une portion importante de patients psychiatriques ou de personnes handicapées qui vivent de l'assistance gouvernementale et ne sont pas techniquement à la recherche d'emploi. D'autre part, plusieurs enquêtes comparant des régions ou analysant les tendances historiques indiquent une relation significative entre le taux de chômage et le taux de suicide, bien que d'autres n'arrivent pas à confirmer ce résultat. Dans les faits, il n'y a pas de preuve bien documentée que le suicide soit déclenché par une perte d'emploi. S'il y a perte d'emploi au cours de la dernière année, elle est plus souvent attribuable à un problème interpersonnel avec l'employeur ou le patron qu'aux aléas de l'économie qui forcent des entreprises à mettre à pied certains employés. Cependant, un grand nombre de ces sans-emploi sont dans cette condition pour des raisons non directement reliées au marché du travail. Ils peuvent avoir une maladie mentale comme la schizophrénie, des troubles bipolaires ou une longue dépendance à l'alcool qui mine leurs facultés, ou un problème de santé physique, ou encore être en congé de maladie ou en retraite anticipée.

Comme nous l'avons vu plus tôt, dans les cultures non occidentales on retrouve des événements déclencheurs ou des situations spécifiques à ces cultures. C'est ainsi que chez les jeunes, au Japon, un échec scolaire ou un échec à l'examen d'entrée d'une grande université peut pousser au suicide parce que la réputation de la famille s'en trouve entachée. Sur le continent africain, la stérilité chez l'homme peut être source de honte et conduire au suicide. En Inde, les conflits entre les épouses et leur belle-famille peuvent entraîner ces femmes à se donner la mort si elles n'ont pas l'appui de leur mari pour se défendre.

Difficultés de vie et manque de soutien

L'événement déclencheur, qui a généralement lieu dans les 12 semaines précédant le suicide, et très souvent la dernière d'entre elles, se produit chez des personnes dont la vie est déjà fragilisée par une maladie mentale ou un trouble psychologique et qui se débattent contre des difficultés de vie chroniques. Comme nous l'avons vu, leur vie amoureuse est souvent chaotique ou troublée, et la situation financière précaire à cause des bas revenus et de l'endettement. Ceux qui possèdent un emploi comptent majoritairement parmi les cols bleus. Les professionnels se suicident beaucoup moins et les étudiants universitaires ne semblent pas particulièrement à haut risque. Dans la région de Montréal, par exemple, les analyses de la Régie régionale montrent que le suicide est la cause de mortalité la plus étroitement reliée avec des bas revenus. Le manque de revenus peut agir directement sur le découragement en ne permettant pas d'issue facile aux problèmes concrets. Par ailleurs, les personnes plus riches peuvent se payer certains luxes, comme un voyage à l'étranger ou un condominium confortable, ce qui permet de traverser la période d'ennuis plus facilement. Mais le chômage agit en privant l'individu de structure dans le rythme de la vie quotidienne, de la camaraderie des collègues au travail, et en perturbant son sommeil et l'horaire de ses repas.

Depuis les analyses de Durkheim, on sait que le divorce et la séparation maritale sont étroitement associés au suicide. Ces résultats sont observés à nouveau dans nombre d'études contemporaines. Mais la séparation et le divorce sont devenus des phénomènes beaucoup plus fréquents aujourd'hui qu'auparavant et la plupart des personnes qui vivent cette expérience ne se suicident pas. Il n'y a pas non plus de preuve que les gens qui se suicident vivent davantage seuls que la population générale.

Une étude publiée en 1981 à Chicago établit que la moitié des suicidés n'avaient à peu près aucun ami et, dans de nombreux cas, il n'y avait aucun proche pour signer le certificat de décès ou pour procéder à l'identification du corps. Si nombre de ces personnes sont isolées, il y en d'autres qui sont très sociables mais qui ne comptent pas sur l'appui de véritables amis parce qu'ils ont de la difficulté à confier leurs problèmes et à développer un lien d'intimité. L'abus de drogues et d'alcool est souvent associé à la difficulté à contrôler ses humeurs, à la fuite et au refus de reconnaître et de régler ses problèmes avec l'entourage. Les gens qui ont des problèmes se rassemblent aussi souvent avec des gens qui partagent des problèmes personnels similaires et ils n'y trouvent pas facilement un support pour stabiliser leur vie.

FACTEURS DE PROTECTION ET DE RÉSILIENCE

La revue que nous avons faite indique la présence de multiples facteurs de risque dans la genèse qui mène au suicide. Il faut évidemment cumuler plusieurs facteurs de risque simultanément pour atteindre ce point de non-retour. Et l'absence d'un seul facteur, comme celui d'un trouble psychiatrique, amoindrit de façon significative le risque de commettre un suicide. Mais même chez les personnes vulnérables présentant plusieurs facteurs de risque, nombre d'entre elles finiront leurs jours à la suite d'une mort naturelle.

L'une des observations qui pousse à réfléchir sur l'inéluctabilité du suicide est la survie des personnes ayant déjà porté atteinte à leur vie. Certes, les intentions peuvent être plus ou moins définitives, les moyens utilisés insuffisants pour assurer la mort, mais un nombre appréciable de personnes hospitalisées ont fait un geste très dangereux, comme sauter d'un pont, se tirer une balle dans la tête, ou se jeter devant une rame de métro, sans compter tous ceux et celles qui n'auraient pas survécu sans une intervention médicale rapide pour contrer une intoxication médicamenteuse mortelle. Alors comment ces gens poursuivent-ils leur vie ?

Pour comprendre le suicide, on peut utiliser la métaphore des planètes : le suicide se produirait au moment où une partie de celles-ci se situeraient sur un même axe. Après un certain temps, ces conditions exceptionnelles ne sont plus réunies et ne le seront pas de nouveau avant longtemps ; le suicide devient alors un acte moins probable. Cette image s'appliquerait à un certain nombre de situations, mais certainement pas à toutes. On peut imaginer qu'après avoir frôlé la mort de près, une personne peut se croire bénie des dieux ou par la chance et voir la vie plus positivement. Il arrive aussi qu'un bénévole, un prêtre, un professionnel de la santé, un ami ou un parent accorde une attention particulière à la personne qui se remet d'une tentative de suicide et cela peut donner espoir. Comme dans le cas de la dépression, il peut y avoir un événement qui devient l'occasion d'une espèce de nouveau départ dans la vie, par exemple, la réconciliation avec une conjointe.

En ce qui concerne les individus qui présentent une trajectoire de vie similaire à celles des suicidés, il serait hasardeux d'expliquer clairement pourquoi ils n'envisagent pas la même solution. Même si ces gens sont hautement vulnérables, ils ne vivent peut-être jamais des événements tragiques qui poussent au suicide. Leur vie de couple n'est probablement pas très heureuse, mais ils ne vivent pas de rejet de la part de leur entourage ou leur mariage est peut-être moins chargé sur le plan émotionnel. L'adhésion à une religion semble être un élément protecteur, surtout dans la culture américaine. On ignore cependant si c'est la foi et la pratique qui jouent un rôle ou l'intégration sociale à l'intérieur d'un groupe qui offre du support social. Chez d'autres, le sens de la vie peut provenir de la profession ou du sentiment d'être pourvoyeur des besoins de base de la famille.

Si l'on dresse une liste des principaux facteurs de protection recensés, on peut citer : une bonne santé mentale, le support d'un partenaire amoureux, une capacité d'accéder à l'intimité, un projet qui donne un sens à la vie, l'absence d'endettement, la non-dépendance à des substances psychoactives et un niveau d'impulsivité normal. La possession de quelques-uns de ces éléments abaisse de façon significative la probabilité du suicide. Mais, plus que toute autre chose, c'est à un niveau moral plus que psychologique ou psychiatrique que se trouve l'enjeu principal. Sans la présence d'un certain espoir, d'un sens à la vie, du sentiment d'être utile à autrui, la tentation du suicide demeurera élevée même chez des personnes jouissant des facteurs de protection. Il y a des cas, par exemple, de personnes atteintes du SIDA qui se sont enlevées la vie sans présenter de problème psychiatrique sérieux et qui pouvaient compter sur des amis et une bonne intégration professionnelle.

CHAPITRE 5

Le suicide aux diverses étapes de la vie

INTRODUCTION

LA PLUPART DES ÉTUDES SUR LE SUICIDE portent sur des adultes. Ce chapitre rend compte des particularités du suicide à d'autres étapes de la vie. Même si les enfants se suicident rarement, nous discuterons du problème du suicide au cours de l'enfance afin de mieux comprendre les racines des comportements suicidaires qui apparaîtront plus tard dans la vie. L'adolescence est une période de la vie où l'idéation suicidaire et les tentatives de suicide commencent à apparaître plus fréquemment. Le suicide des adolescents a fait l'objet de nombreux écrits, qui ont peut-être contribué à l'idée répandue mais erronée que c'est chez les adolescents que l'on trouve le plus haut taux de suicide. En réalité, dans la plupart des pays industrialisés, ce sont les aînés qui présentent le plus haut taux de suicide. Exceptionnellement, ce n'est pas le cas du Canada et du Québec, où ce sont les *baby-boomers* et les 30-40 ans qui se suicident le plus.

LES ENFANTS ET LE SUICIDE

Les enfants développent une compréhension du monde à un jeune âge et leur compréhension du suicide s'organise parallèlement à l'acquisition des conceptions plus réalistes de la mort. Même si les enfants ne se suicident que rarement avant l'adolescence, ils sont témoins de suicides, tentatives de suicide et menaces de suicide, fictives et réelles, qu'ils voient à la télévision et au cinéma. Le suicide est un sujet de discussion parmi les enfants et les chercheurs croient que les attitudes et croyances sur le suicide acquises par les enfants en bas âge peuvent les accompagner longtemps et influencer leur façon de concevoir le suicide à l'adolescence et à l'âge adulte.

La compréhension de la mort chez les enfants

À un très jeune âge, les enfants commencent à comprendre le sens de la mort mais leurs conceptions sont différentes de la conception « mûre » des adultes. Les plus jeunes enfants ne conçoivent pas la mort comme étant finale, car, pour eux, une personne morte peut revenir à la vie dans certaines circonstances. Les jeunes enfants ne pensent pas à l'universalité de la mort ; pour eux, il n'est pas nécessaire que tout le monde meure un jour. De plus, les enfants en bas âge n'acceptent pas l'idée que tout le monde puisse mourir à n'importe quel moment, ce qui signifie que la mort serait imprévisible. Enfin, les jeunes enfants ne croient pas que la mort soit inévitable ; ils croient que si on fait attention ou si on a un bon médecin, il est possible d'éviter la mort. De même, les caractéristiques d'une personne morte sont différentes pour les enfants de ce que la plupart des adultes croient être la réalité de la mort. Les jeunes enfants peuvent penser que les personnes mortes sont capables de voir, d'entendre, de ressentir des sentiments et même d'être conscientes de ce que les êtres vivants sont en train de faire. Cette compréhension immature de la mort change assez rapidement. Les enfants de 5 à 7 ans apprennent que la mort est un état final irrévocable. Ils apprennent que tout le monde doit mourir un jour. Mais pendant toute l'enfance, la majorité des enfants croient que les personnes mortes conservent certaines caractéristiques des vivants. Par exemple, 20 % des enfants à l'âge de 12 ans pensent qu'après la mort on peut avoir des sentiments et même voir et entendre.

Le développement d'une compréhension du suicide

Les recherches démontrent qu'à l'âge de 7 ou 8 ans, la majorité des enfants comprennent le sens du mot « suicide ». Les enfants sont capables de définir le suicide à cet âge et peuvent nommer les méthodes les plus fréquemment utilisées pour se suicider. Même si les jeunes enfants de 5 ou 6 ans comprennent moins souvent le mot « suicide », la majorité d'entre eux sont capables de discuter de la notion de « se tuer ». Vers l'âge de 7-8 ans, presque tous les enfants disent avoir parlé du suicide avec d'autres enfants, mais il est très rare que les enfants en discutent avec un adulte. Les recherches de Mishara ont montré que la moitié des enfants de première et de deuxième année du primaire et tous les enfants à partir de la troisième année disent avoir vu au moins un suicide à la télévision. Ces suicides se produisent souvent dans les dessins animés et ce sont les « méchants » qui se tuent après avoir perdu une bataille importante avec les « bons ». Les enfants voient les suicides aussi dans les téléromans et dans les émissions de télévision pour adultes ainsi qu'au cinéma. Par ailleurs, les enquêtes au Québec auprès des parents montrent qu'environ 4 % des enfants de moins de 12 ans ont menacé à un moment donné de se tuer.

Dans les pays industrialisés, les enfants de 5 à 12 ans ont généralement des attitudes négatives concernant le suicide ; ils croient que ce n'est pas une bonne chose à faire, quelles que soient les circonstances. Lorsque survient un décès par suicide dans la famille, les enfants savent généralement, malgré les tentatives de l'entourage de cacher le fait, que la mort est attribuable à un suicide. Par exemple, les études de Mishara au Québec ont démontré que 8 % des enfants ont répondu avoir connu quelqu'un qui s'est suicidé, mais aucun de ces enfants n'avait été informé du suicide par un adulte. Généralement, les enfants ont été renseignés par les conversations entendues ou par l'information obtenue d'autres enfants.

Les jeunes enfants savent donc ce qu'est le suicide et sont généralement au courant lorsqu'un suicide survient dans leur entourage. Leur image du suicide est différente cependant de la réalité du suicide tel que perçu par les adultes. À la télévision, les personnes qui se suicident ne souffrent pas de dépression ou de problèmes de santé mentale, ne font pas preuve d'ambivalence, ne ressentent aucune douleur, quel que soit le moyen choisi pour se suicider et ne reçoivent jamais d'aide pour résoudre leurs problèmes. Cette image est très différente de la réalité du suicide, où la grande majorité des personnes qui se tuent souffrent de problèmes de santé mentale, présentent énormément d'ambivalence dans leurs comportements suicidaires, souffrent à cause des moyens utilisés pour se tuer et la grande majorité des personnes suicidaires reçoivent de l'aide et trouvent d'autres solutions à leurs problèmes.

Prévention et intervention auprès des enfants

Même si les comportements suicidaires sont rares chez les enfants, il est très important de ne pas minimiser ou ignorer les menaces suicidaires qu'ils peuvent faire. Il n'est pas justifiable d'ignorer les menaces ou « jeux » de suicide en disant que les enfants n'en savent pas suffisamment sur la mort et le suicide pour adopter de « véritables » comportements suicidaires. Une menace de suicide ou un autre signe de comportement suicidaire peut s'avérer un indicateur que quelque chose « va mal » et qu'il faut trouver les racines du problème.

Il serait utile de renseigner les enfants sur la réalité du suicide dans la société contemporaine. Si des programmes éducatifs à l'école ou des renseignements de la part des parents ne sont pas fournis aux enfants pour décrire cette réalité, les enfants continueront de développer une image du suicide « idéaliste » basée sur les représentations du suicide à la télévision. Comme les recherches indiquent bien que les enfants en bas âge savent déjà ce qu'est le suicide, il nous semble inutile d'essayer de « protéger » les enfants du suicide en n'abordant pas le sujet.

LE SUICIDE À L'ADOLESCENCE ET CHEZ LES JEUNES

Il y a quelques années, le suicide des jeunes ne référait qu'à la population adolescente. Aujourd'hui, dans de nombreuses enquêtes, le mot « jeune » inclut les personnes jusqu'à l'âge de 25 ans ou plus. En Amérique du Nord, les taux de suicide chez les adolescents et les jeunes de moins de 25 ans sont moins élevés que dans d'autres groupes d'âge, mais le suicide des jeunes a énormément augmenté des années 1960 à 1990. De plus, puisqu'on a réussi à diminuer les autres causes de décès des jeunes, le suicide est devenu, au début du XXIe siècle la seconde cause de décès chez les adolescents. Au début des années 1990, les taux de suicide des adolescents de 15 à 19 ans ont commencé à diminuer dans de nombreux pays industrialisés. Certains expliquent cette diminution par l'amélioration de l'identification et du traitement des troubles mentaux chez les jeunes. D'autres mettent l'accent sur les effets bénéfiques possibles des campagnes de sensibilisation au suicide ou sur l'augmentation de l'accès aux ressources en prévention du suicide.

Les jeunes qui font des tentatives de suicide et qui se suicident présentent habituellement plus d'un facteur de risque. Dans une situation présentant un risque élevé, lorsque survient un événement déclencheur (par exemple, un conflit familial ou une perte sur le plan relationnel), si les moyens sont accessibles et qu'il n'y a pas de source d'aide appropriée disponible, il y a risque de passage à l'acte suicidaire. Comme nous allons le voir, les facteurs de risque pour les adolescents et les jeunes sont multiples.

L'environnement social

De nombreuses études associent les troubles familiaux à un risque plus élevé de comportement suicidaire des jeunes. Ces troubles comprennent la perte d'un parent en bas âge, des parents présentant des problèmes de santé mentale, l'abus et la négligence subis au cours de l'enfance, et un épisode de suicide dans la famille. Souvent, les événements déclencheurs qui sont les situations stressantes très proches d'un passage à l'acte incluent les conflits avec les membres de la famille, le divorce des parents, le sentiment d'être rejeté par sa famille ainsi que le fait que les membres de la famille ne prennent pas au sérieux les menaces de suicide d'un jeune. D'autre part, l'école constitue un environnement important qui influence le bien-être des jeunes. Les problèmes éprouvés à l'école et le stress attribuable au changement d'école, l'échec scolaire et le stress associé aux pressions pour réussir à l'école sont tous des facteurs qui augmentent le risque suicidaire.

À l'adolescence, les pairs jouent un rôle important. Le rejet par les pairs, la perte d'une relation significative ou la perte d'un confident constituent des facteurs augmentant le risque de suicide. À cause de l'importance des pairs, lorsque survient le suicide d'un autre jeune, il existe un risque élevé de comportements suicidaires dans l'entourage de la personne décédée par suicide.

L'environnement physique

Le fait d'avoir accès à un moyen létal pour se tuer augmente le risque de suicide lorsque les facteurs de risque sont présents. Les ménages où il y a une arme à feu présentent six fois plus de risques de connaître un décès par suicide. Souvent, les adolescentes prennent des médicaments disponibles à la maison pour leur tentative de suicide.

Comportements individuels

Le chercheur Jerome Motto a suggéré que l'augmentation de l'utilisation des drogues et de l'alcool pouvait expliquer l'augmentation du suicide des jeunes dans les années 1970. Les recherches contemporaines indiquent qu'au moins un tiers des adolescents morts par suicide étaient intoxiqués au moment de leur mort et de nombreux autres avaient consommé de l'alcool en plus petite quantité. Par ailleurs, les jeunes ayant déjà fait une tentative de suicide sont plus à risque de mourir par suicide et le fait de souffrir d'un trouble mental, particulièrement la dépression, est associé à un risque plus élevé de suicide. D'autres associations incluent: les comportements impulsifs, la difficulté à résoudre des problèmes, un répertoire limité de mécanismes d'adaptation (*coping*) et une orientation homosexuelle.

Prévention et intervention

Il existe de nombreux programmes de prévention primaire du suicide pour les adolescents implantés dans les écoles. Souvent ces programmes incluent une formation sur la façon d'identifier les signes de risque suicidaire et donnent des informations sur la manière de réagir aux menaces de suicide d'un autre jeune et où trouver de l'aide. Ces programmes encouragent les jeunes à parler avec des adultes de leurs sentiments et mettent souvent l'accent sur l'importance de ne pas garder un «secret» lorsque les intentions suicidaires sont communiquées et qu'il existe un réel danger. Il existe des controverses sur l'importance et l'utilité des programmes de prévention du suicide dans les écoles et sur la nature de ces programmes. Il y a des indications à l'effet que, lorsque les programmes sont jumelés à la disponibilité de ressources appropriées et à la formation des enseignants, on trouve des bénéfices. Cependant, certains chercheurs prétendent que la meilleure façon de prévenir le suicide dans le milieu scolaire est d'identifier les jeunes qui présentent des troubles de santé mentale et des idéations suicidaires et de bien traiter ces troubles mentaux par une intervention psychiatrique ou médicale.

Nous avons déjà mentionné que, lorsque survient un décès par suicide, il y a un risque plus élevé de décès par suicide chez les membres de l'entourage. Pour cette raison, de nombreuses écoles ont établi des protocoles de « postvention » décrivant les procédures à suivre lorsque le suicide d'un élève de l'école se produit. Ces protocoles permettent l'identification de porte-parole pour l'école, l'identification des étudiants et membres de la famille qui seront particulièrement vulnérables ou traumatisés par l'événement et la mise en place de ressources d'aide appropriées pour eux, ainsi que des activités organisées à l'école afin de permettre aux élèves d'exprimer leur deuil et de comprendre davantage ce qui s'est passé. Après un décès par suicide, de nombreux élèves sont troublés par un tel événement, même si celui-ci est « caché ». Il est très important dans le développement d'un programme de postvention de ne pas glorifier le suicide par des activités commémoratives qui pourraient communiquer aux autres jeunes vulnérables l'idée que se suicider est une bonne façon d'attirer énormément d'attention. Il est important de mettre l'accent sur le fait que le suicide est un événement tragique et évitable, que personne n'est mieux après un décès par suicide et que les sources d'aide sont facilement disponibles.

LE SUICIDE DES AÎNÉS

Le taux de suicide des aînés est le plus élevé de tous les groupes d'âge et ce, dans environ deux tiers des pays du monde. Dans la majorité des pays industrialisés, ce sont les hommes âgés qui présentent les plus hauts taux de suicide, et chez les hommes aussi bien que chez les femmes le suicide a tendance à progresser avec l'âge. Les plus hauts taux se retrouvent chez les hommes et les femmes de 75 ans et plus. Cependant, ce n'est pas toujours le cas. Au Québec, ce sont les aînés qui présentent le plus *faible* taux de suicide parmi tous les groupes d'âge. On explique ce faible taux de suicide des aînés du Québec par le fait que, selon l'Enquête Santé-Québec, les aînés sont les personnes les plus satisfaites de leur vie, de leurs relations avec leur famille et leur entourage, et ce sont aussi les personnes âgées qui présentent le moins de détresse psychologique parmi tous les groupes d'âge au Québec. Lorsqu'on considère les taux de suicide des hommes et des femmes âgés, les hommes ont en moyenne le double du taux des femmes âgées. Ces différences peuvent s'expliquer par le fait que les femmes peuvent bénéficier d'un meilleur réseau d'appui social, qu'elles sont plus autonomes dans les activités quotidiennes et qu'elles sont souvent plus impliquées auprès de leurs enfants et petits-enfants.

Les chercheurs s'entendent sur le fait qu'on a plus tendance à sous-estimer les suicides des aînés que dans les autres groupes d'âge. Lorsqu'on trouve une personne âgée morte dans son lit, s'il n'y a pas d'indication évidente qu'il s'agit d'un suicide, on a moins tendance à procéder à une autopsie pour investiguer en détail les causes du décès. Cependant, chaque fois qu'une jeune personne meurt, il y a investigation détaillée. Les recherches de Mishara et Kastenbaum ont montré que les personnes âgées avec idéation suicidaire ont tendance à ne pas prendre les médicaments dont elles ont besoin pour leur santé (par exemple, pour un problème cardiaque ou pour le diabète) et à prendre des risques par rapport aux conseils d'un médecin (par exemple, une personne présentant un problème cardiaque qui s'entête à pelleter de la neige en hiver). Les décès par omission de prise de médicaments ou par comportements autodestructeurs sont rarement comptabilisés dans les taux de suicide des aînés.

Le haut taux de suicide chez les aînés dans certains pays va à l'encontre du fait que les personnes souffrant de problèmes graves de santé mentale qui ont eu des tendances suicidaires auraient probablement pu se suicider plus tôt au cours de leur vie et donc n'auraient jamais atteint un âge plus avancé. Ce constat indique que les aînés qui se suicident peuvent le faire pour d'autres raisons que celles pour lesquelles le font les jeunes. Les aînés qui meurent par suicide souffrent généralement d'une maladie physique ou mentale et leur suicide est généralement planifié et constitue rarement un acte impulsif. Les hommes et les femmes âgés ont tendance à utiliser des méthodes létales et on retrouve relativement peu de tentatives de suicide non létales chez les aînés. À travers le monde, les méthodes de suicide les plus utilisées par les aînés sont la pendaison, les armes à feu (particulièrement aux États-Unis), la défenestration (particulièrement dans les grandes villes asiatiques, par exemple, Hong Kong et Singapour), l'empoisonnement (plus souvent à l'aide de benzodiazépines et d'analgésiques chez les femmes) et la noyade. La plupart des aînés qui se tuent le font chez eux et les notes qu'ils laissent au moment de leur suicide indiquent souvent des détails sur leurs finances et leurs funérailles. Ces notes indiquent un haut degré de détermination et de planification et sont souvent rédigées dans un style présentant du détachement émotionnel par rapport à l'événement.

Malgré le fait qu'il existe un haut taux de suicide chez les aînés, il n'en demeure pas moins que le suicide constitue toujours un événement rare. Même si les aînés souffrent souvent d'une maladie psychiatrique, généralement une dépression, ceux d'entre eux qui meurent par suicide ont fait moins souvent de tentatives de suicide antérieurement que les jeunes décédés de cette façon. Les aînés qui souffrent d'une dépression majeure ou d'une dysthymie, qui est une forme moins aiguë de dépression, sont de 12 à 20 fois plus à risque de se suicider que les aînés qui ne souffrent pas de ces problèmes. Malgré le fait que les aînés suicidaires souffrent de dépression, les aînés sont moins souvent traités pour la dépression que les personnes plus jeunes. On explique cet état de fait par la croyance populaire selon laquelle il est naturel de se sentir déprimé en vieillissant, une croyance parfois partagée par les médecins. Ces croyances populaires vont cependant à l'encontre des résultats des recherches contemporaines indiquant que les aînés profitent autant sinon plus des interventions pour traiter la dépression que les groupes plus jeunes. En effet, si quelqu'un ne souffre qu'à un âge avancé de problèmes de santé mentale importants, il cumule suffisamment d'expérience de vie pour faire face aux difficultés. Cette expérience de vie pour gérer ses problèmes semble expliquer la grande résilience des aînés qui reçoivent des traitements pour leurs problèmes.

Un des défis en prévention du suicide auprès des aînés vient du fait qu'il est souvent plus difficile d'identifier les personnes âgées à risque élevé de suicide. Les recherches indiquent que près de 40 % des personnes âgées expriment leurs intentions suicidaires à leur médecin avant de passer à l'acte, et plus de 80 % communiquent leurs intentions suicidaires aux amis, confidents et membres de leur famille. Cependant, ces menaces de suicide sont souvent ignorées ou peu prises au sérieux, et n'entraînent ni suivi ni traitement.

L'abus d'alcool constitue un des facteurs de risque de suicide des personnes âgées. Particulièrement chez les personnes entre 65 et 75 ans, l'alcool semble jouer un rôle important dans environ 20 % à 44 % des suicides. L'alcool, combiné avec une dépression, s'avère particulièrement dangereux. Dans ces situations, la consommation d'alcool est souvent interprétée comme une automédication qui rend la situation plus grave au lieu de l'améliorer. Il est relativement rare que les personnes âgées souffrant de schizophrénie et autres psychoses se tuent. Aussi, les personnes qui souffrent de démence, par exemple, la maladie d'Alzheimer, se tuent moins souvent que les personnes qui ne souffrent pas de démence. S'il y a un risque suicidaire c'est souvent au début du processus de la maladie. On explique le taux relativement faible de décès par suicide des personnes souffrant de démence par leur incapacité à organiser une tentative de suicide et aussi par le fait que souvent, ces personnes ne souffrent pas intensément.

Il existe une controverse concernant le rôle de la maladie physique dans l'étiologie suicidaire des aînés. Nous ne savons pas si une maladie physique chronique ou sérieuse augmente le risque de suicide en soi ou si ce sont les réactions de dépression liées au fait de souffrir de cette maladie qui augmentent ce risque. Il y a aussi lieu de croire que certains médicaments utilisés pour le traitement des maladies peuvent provoquer la dépression comme effet secondaire.

Les veufs sont particulièrement à risque de suicide. En effet, les recherches sur le veuvage indiquent qu'à la suite du décès du mari l'espérance de vie de la femme augmente, alors qu'après le décès d'une épouse l'espérance de vie de l'homme diminue et le risque de suicide augmente significativement. À peu près 50 % des aînés morts par suicide vivaient seuls, ce qui démontre le rôle que joue la solitude dans le développement des pensées suicidaires. Cependant, il est important de noter qu'au Québec, où le taux de suicide des aînés est le moins élevé de tous les groupes d'âge, les personnes âgées souffrent moins de solitude et sont plus satisfaites de leurs relations avec les amis et la famille que tous les autres groupes d'âge. La retraite n'augmente pas le risque de suicide à moins que la mise à la retraite ne soit pas volontaire ou qu'elle arrive subitement, sans planification.

La prévention du suicide des aînés

Sur le plan national, tout programme qui améliore le sort des aînés semble prometteur pour diminuer le taux de suicide de cette population dans une société donnée. L'amélioration des programmes de sécurité sociale, une diminution du pourcentage des aînés présentant un revenu en dessous du seuil de la pauvreté, l'implantation de régimes de retraite flexibles et l'amélioration des soins de santé et de santé mentale peuvent avoir pour effet de diminuer le taux de suicide des aînés. Il semble que les aînés qui se sentent en lien avec leur famille et qui contribuent à la société se suicident moins que les aînés isolés et qui ne jouent pas un rôle actif. Puisque la santé physique peut être reliée aux comportements suicidaires, une bonne surveillance et un contrôle de la douleur et de la souffrance peuvent aussi avoir des effets préventifs.

Une meilleure identification des aînés à risque de suicide est essentielle pour pouvoir organiser des interventions appropriées. Cette identification du risque de suicide est souvent limitée par le fait que les professionnels de la santé croient qu'il est naturel de se sentir déprimé et de souffrir lorsqu'on avance en âge. Ces idées vont à l'encontre des recherches qui indiquent que les aînés profitent autant ou davantage des interventions pour diminuer la dépression et la souffrance que les groupes d'âge plus jeunes. L'identification des symptômes de la dépression, particulièrement pour les hommes âgés, et l'utilisation des interventions appropriées, y compris des médicaments psychotropes et les psychothérapies, peuvent prévenir les décès par suicide.

Un des défis importants est de rejoindre les aînés isolés. En réalité, la grande majorité des aînés ne sont pas isolés et ont un contact régulier avec famille et amis. Ce fait va à l'encontre des croyances populaires selon lesquelles nous sommes en train d'abandonner les aînés dans des centres d'accueil et des foyers. Mais même s'il y a très peu d'aînés très isolés, ceux qui se retrouvent dans une telle situation présentent un risque plus élevé de s'enlever la vie. Différents programmes visant à l'amélioration des contacts avec les aînés isolés par des bénévoles de même que des programmes de surveillance téléphonique semblent prometteurs. Pour les veufs, qui constituent un groupe à risque plus élevé de suicide, il existe des programmes comme « Veufs aux Veufs », dans lesquels les personnes qui ont vécu un veuvage aident les autres à mieux vivre leur deuil et à mieux accepter le fait de se retrouver seul.

Un autre grand défi est un problème générationnel : la génération actuelle des hommes aînés est moins apte à exprimer ses émotions et à demander de l'aide que les générations suivantes. Les aînés appellent moins souvent les centres de soutien ou de prévention du suicide lors de crises, possiblement parce qu'ils ont vécu à une époque où seuls les « fous » discutaient de leurs problèmes de santé mentale et où cela ne faisait pas partie des habitudes culturelles de recevoir de l'aide par téléphone d'un étranger. On a raison d'espérer que, dans l'avenir, la future génération des aînés sera plus encline à demander et à utiliser l'aide des professionnels et bénévoles. Cependant, certaines générations semblent être plus à risque de suicide que d'autres. En Occident, la génération des *baby-boomers* a toujours présenté des taux de suicide plus élevés que ceux des autres générations. Ce sont ces *baby-boomers* qui vont devenir la prochaine génération d'aînés. Il est donc possible que les taux de suicide des aînés augmentent, à moins qu'on ne mette sur pied des programmes pour améliorer le sort des personnes âgées dans la société et qu'on ne les intègre davantage. De même, il importe de modifier les attitudes négatives qui font que, trop souvent, les aînés qui ont besoin d'interventions ne les reçoivent pas. Enfin, il faut bien sûr s'assurer que les aînés ont tous accès aux interventions dont ils ont besoin.

CHAPITRE 6

Groupes à risque et enjeux contemporains

LES POPULATIONS AUTOCHTONES

ACTUELLEMENT, les taux de suicide qui sont parmi les plus élevés dans le monde sont observés au sein des populations autochtones, plus particulièrement celles qui ont vécu des transformations sociales et culturelles radicales dans la seconde moitié du XXe siècle. Le phénomène a été vérifié chez plusieurs peuples sur le plan international. Les cas sur lesquels nous possédons le plus d'études proviennent de l'Amérique du Nord, et concernent autant les Premières Nations que les Inuits. Mais les bouleversements sociaux ont produit les mêmes résultats négatifs, autant chez les indigènes du Brésil et du Paraguay que chez les habitants de certaines îles du Pacifique, notamment les îles Truk (Carolines) et Fidji. Les groupes ayant traversé plus tôt l'impact de l'occidentalisation, comme les autochtones des États-Unis, ou ceux ayant conservé une forte densité démographique et le contrôle relatif de leur vie quotidienne, comme chez les Quichuas du Pérou et de l'Équateur, ou les Mayas du Mexique et du Guatemala, ne connaissent pas de hausse notable du suicide.

La situation des Inuits est parmi les plus préoccupantes. Au Canada, le taux de suicide y est presque quatre fois supérieurs à celui du taux national. Cette aggravation ne touche à peu près pas les femmes et le groupe d'âge à plus haut risque est désormais celui des 15-19 ans. Dans le cadre de l'enquête Santé Québec sur le territoire du Nunavik, une personne sur sept rapporte avoir déjà fait une tentative de suicide et près d'un jeune sur six déclare en avoir fait une au cours de la dernière année seulement. Dans une étude d'épidémiologie psychiatrique sur l'île de Baffin, 45 % des répondants ont eu des idéations suicidaires au cours de la dernière semaine seulement.

Les causes de ce phénomène sont nombreuses et les facteurs de risque très répandus. Ceux-ci ne sont pas tellement différents des facteurs de risque rencontrés chez les non-autochtones, mais plus accentués. On note en particulier l'alcoolisme et la dépendance aux drogues, la violence domestique, l'absence d'emplois rémunérés et l'oisiveté, la transmission intergénérationnelle inopérante. Devant cet éclatement de la vie sociale, les jeunes replient leurs investissements émotifs sur des rapports amoureux précaires qui sont à l'origine du geste suicidaire lorsqu'ils échouent. Les jeunes qui se suicident se repèrent dans deux types de sous-groupes, soit les individus qui sont marginalisés introvertis et stigmatisés ou ceux qui sont en quelque sorte victimes de leur succès social et n'arrivent pas à accepter leurs limites dans la spirale perfectionniste.

L'analyse individuelle des dossiers ne doit pas occulter les causes historiques, culturelles et sociales. Beaucoup de ces communautés sont passées en l'espace de quelques années d'un mode de vie semi-nomade à la sédentarisation dans des villages souvent éloignés de leurs territoires de chasse, occasionnant ainsi un bouleversement radical du mode de vie traditionnel. L'école et la religion ont invalidé leur culture et, par conséquent, l'autorité morale de la génération adulte par rapport aux enfants. La dépendance envers les revenus d'assistance sociale, le contact avec le monde extérieur via la télévision, l'exiguïté du logement favorisant les actes incestueux et la violence domestique, ainsi que l'oisiveté reliée au chômage ont tous contribué à miner le moral de ces populations. Celles-ci ont perdu en grande partie le contrôle de leur devenir et les décisions leur sont imposées de l'extérieur. Les solutions de fond requièrent donc la réparation des liens intergénérationnels, l'instauration d'un développement économique et l'autogouvernance. Une étude faite en Colombie-Britannique montre que les communautés autochtones qui assument le plus leur gouvernance sont également celles qui présentent les plus bas taux de suicide. Un rapport d'experts canadiens recommande comme solution des interventions qui donnent davantage de responsabilités aux jeunes autochtones et le soutien aux guérisseurs traditionnels.

HOMOSEXUALITÉ

La relation entre l'homosexualité et le suicide a fait l'objet de beaucoup de discussions au sein de la communauté gaie. Les recherches actuelles portent presque exclusivement sur les tentatives de suicide et les conclusions prêtent à croire que les tendances suicidaires sont associées au statut de l'homosexualité dans la société, surtout chez les jeunes hommes. Une enquête nationale américaine rapporte également que les hommes ayant des pratiques homosexuelles sont cinq fois plus nombreux à rapporter une tentative de suicide que les hommes ayant des pratiques hétérosexuelles et les écarts sont plus importants à l'adolescence ou à l'entrée dans l'âge adulte. Selon une étude canadienne, les jeunes hommes gais et bisexuels de la ville de Calgary présentent 14 fois plus de risques d'avoir commis une tentative de suicide que leurs homologues hétérosexuels et ils représentent les deux tiers des jeunes ayant fait une tentative dans cette ville. Selon un autre rapport américain, les adolescents homosexuels commettent environ 40 % des tentatives sérieuses requérant des soins médicaux. Cela dit, il n'y a aucun lien avéré entre les décès par suicide et l'orientation homosexuelle, que ce soit chez les jeunes ou les adultes et il sera intéressant de suivre l'évolution des connaissances en ce domaine. Comme le prouvent ces chiffres, ce n'est pas tant l'orientation sexuelle en soi qui est en cause que la difficulté de se découvrir comme tel et d'adopter une nouvelle identité sociale en prenant conscience de son homosexualité. Malgré des progrès dans les attitudes envers les orientations sexuelles, il n'en demeure pas moins que les jeunes homosexuels doivent encore faire face à des tabous très profonds. La marginalisation du groupe d'amis ou des réactions parfois très cruelles de la part des parents ou des autres membres de la famille sont encore des tragédies quotidiennes. Les professionnels, les écoles et autres institutions d'enseignement devraient être particulièrement attentifs aux méfaits causés par cette exclusion.

LES SUICIDES-HOMICIDES

On entend par suicide-homicide la perpétration d'un meurtre par une personne qui se donnera ensuite la mort dans un délai pouvant aller jusqu'à une semaine. La médiatisation de ce phénomène dans la presse et la télévision de masse porte à croire à une plus grande fréquence de ces cas que ce n'est le cas en réalité. Ainsi, on compte en moyenne au Québec une quinzaine d'incidents d'homicide-suicide par année, soit à peine plus de 1 % du nombre total de suicides. Ce chiffre n'inclut toutefois pas les cas où la tentative de suicide suivant l'homicide a raté et qui font également l'objet de faits divers dans les médias. Une étude conduite en Angleterre en 1966 en arrive à la conclusion étonnante que le tiers des homicides dans ce pays sont suivis d'un suicide alors que seulement 5 % des homicides aux États-Unis sont suivis du suicide du meurtrier.

Dans les sociétés occidentales, le meurtre de la conjointe suivi du suicide du conjoint est la catégorie la plus commune, le meurtre devenant un moyen extrême et définitif de contrôler la vie de la conjointe. Les autres catégories sont le meurtre d'un enfant (filicide), le meurtre de la famille entière ou le meurtre d'un étranger à la famille. Le filicide-suicide est bien documenté dans la culture japonaise où le meurtrier peut être aussi bien le père que la mère. Le motif est souvent de type altruiste, car il s'agit pour le parent d'épargner à son enfant les tourments d'un avenir malheureux ou d'un destin qui ternira sa pureté.

Alors que ces catégories avec meurtre intrafamilial sont les plus connues et s'inscrivent dans des problématiques d'attachement fusionnel, la catégorie avec meurtre extrafamilial est moins courante tout en donnant lieu parfois à des tueries d'envergure où les victimes sont soit anonymes, soit présentes au mauvais moment dans un espace institutionnel (école, usine, baraque militaire). Ces rages homicides suivies du suicide sont souvent le fait de personnes paranoïdes qui se sont senties persécutées ou lésées par un traitement injuste, bien que leurs victimes ne soient coupables que par leur appartenance à l'institution qui est la cible du ressentiment.

LE PACTE SUICIDAIRE

Le pacte suicidaire est un autre phénomène rare, quoique spectaculaire, ne représentant que 1 % des suicides dans les pays occidentaux mais près de 3 % de ceux-ci en Asie. Il est le fait de deux personnes qui s'entendent pour se donner la mort ensemble au même endroit et généralement par des moyens similaires, l'intoxication médicamenteuse étant le moyen le plus employé parce que permettant vraisemblablement une forme de partage. Il s'opère alors une dynamique où une personne dominante est l'instigatrice et convainc son compagnon ou sa compagne de la suivre dans la mort. Exceptionnellement, le pacte peut inclure plus de deux personnes, comme dans des groupes d'amis marginalisés.

Depuis l'arrivée de certaines sectes messianiques, nous avons été témoins de quelques exemples de pactes suicidaires qui ont compté jusqu'à 913 individus (le cas de la secte du révérend James Jones en Guyane), mais un nombre indéterminé de décès est attribuable à des tirs d'armes à feu. Dans le cas de Waco (Texas) dont le bilan est de 80 morts, de puissantes bombes lacrymogènes lancées par les autorités policières ont pu causer certains décès et la destruction immédiate des édifices rend l'interprétation d'un suicide de masse suspecte. Nous étirons la notion de pacte à sa limite dans ces cas de masse, car les membres de ces sectes sont souvent sous l'effet d'une hypnose collective. Dans le cas de l'Ordre du Temple du Soleil en Suisse et au Québec, quelques dizaines de personnes se sont donné la mort. Comme il s'agissait de personnes de haut niveau d'éducation et conscientes des enjeux, l'hypothèse d'un suicide collectif est plus plausible que dans les deux autres cas.

Les acteurs d'un pacte suicidaire sont en général intimement liés et isolés du monde extérieur, à la suite, par exemple, d'une retraite, d'une maladie ou d'un rejet social. Le pacte est souvent provoqué par un élément extérieur qui vient mettre en péril la survie de la relation. Le suicide de jeunes amoureux est plus typique du monde oriental, où les jeunes doivent davantage se conformer au choix d'un conjoint imposé par la famille. On peut supposer que, sur le plan moral, le suicide est lié au sentiment d'intense culpabilité d'avoir écouté ses désirs plutôt que de s'être conformé aux souhaits familiaux. Dans le contexte occidental, le pacte suicidaire est davantage le fait de personnes plus âgées qui refusent d'être séparées par la maladie ou par la mort. Ces personnes sont habituellement très codépendantes et dévouées l'une à l'autre. Le pacte entre amis se retrouve quant à lui chez des adolescents marginalisés et ayant en général un lourd passé familial.

LES KAMIKAZES

Le projet du shimpu ou kamikaze japonais durant la Deuxième Guerre mondiale est redevable au vice-amiral Onishi qui cherchait désespérément une solution au recul de son armada devant la poussée américaine aux Philippines. L'idée aurait pu lui avoir été inspirée par le pilote américain Fleming qui avait eu la primeur en projetant son avion contre le croiseur Mikuma en 1942. Redoutables et meurtrières par leur effet-surprise, ces attaques suicidaires étaient coûteuses en matériel et sont devenues de moins en moins efficaces à mesure qu'on les prévenait. Néanmoins, quelque 5 000 jeunes Japonais ont été emportés par ces attentats, tous volontaires et ayant une éducation de niveau universitaire dans de nombreux cas.

Durant la période moderne, l'opération kamikaze a été une stratégie employée par certains groupes palestiniens dans le but de semer la peur et le désespoir au sein de la population civile israélienne. Objet d'une certaine retenue dans le monde musulman avant les attentats contre les forces américaines au Liban en avril 1983, cette forme d'attaque a été progressivement légitimée par les dirigeants du jihad islamique. Considérée comme moyen exceptionnel aussi tard qu'en 1988, elle devient presque routinière entre 1993 et 1998, période au cours de laquelle 37 attentats-suicides sont dénombrés. Les musulmans eux-mêmes n'approuvent pas l'usage du mot suicide, lui préférant l'appellation d'« explosion sacrée ».

Le journaliste d'origine pakistanaise Nasra Hassan a personnellement interviewé près de 250 Palestiniens pour la plupart associés aux camps de militants des Territoires occupés. Les volontaires qui s'offrent pour ces missions sont nombreux et doivent se soumettre à une sélection serrée ; seul un petit nombre est retenu. Rien en apparence ne permet de croire que les caractéristiques de ces individus s'apparentent aux traits des personnes qui se suicident. Aucun n'a été reconnu comme un illuminé agissant pour son compte personnel. Ce sont de jeunes gens entre 18 et 38 ans, éduqués, souvent de classe moyenne et avec un emploi, jugés comme mûrs par leur entourage, et sans signe apparent de dépression. Les chefs des cellules qui encadrent ces jeunes s'assurent qu'ils ne s'engagent pas pour des motifs de vengeance personnelle. Leur motivation est davantage religieuse que politique. Ils subissent une formation religieuse rigoureuse, que certains qualifieront d'endoctrinement, durant les semaines qui précèdent leur geste final. Ils doivent évidemment se libérer de toute peur de la mort et des dangers entourant leur expédition. Ceux qui ont survécu à ces missions pour diverses raisons racontent l'état de bonheur pour ne pas dire d'extase ressenti durant la période de préparation.

Contrairement au suicide qui fait l'objet d'un rejet social, le commando-suicide est jugé comme un héros, ayant mérité le privilège d'entrer directement au paradis pour lui-même et sa famille. Des noces symboliques sont célébrées pour souligner l'union de ces martyrs avec les vierges du paradis, et ces dernières le demeureront d'ailleurs selon un imam avisé formé à l'Université Azhar du Caïre. L'appui social est très fort puisque les trois quarts des Palestiniens encouragent ces actes d'autosacrifice.

CHAPITRE 7

Débats contemporains

GÉNÉTIQUE, BIOLOGIE ET SUICIDE

DEPUIS PLUS DE 100 ANS, les scientifiques ont observé que, si un suicide est commis au sein d'une famille, les générations suivantes verront augmenter leurs risques de suicide. Le fait que les membres de la famille d'une personne qui s'est suicidée soient plus à risque de suicide est un constat incontournable. Même si le risque de suicide du membre d'une famille où un suicide a eu lieu dans les générations antérieures est plus élevé que chez les membres de familles n'ayant pas vécu un décès par suicide, il reste que, puisque le suicide est en général un événement rare, le risque du suicide d'un autre membre de la famille demeure relativement peu élevé, même dans ces familles.

L'une des questions primordiales qui se pose est de savoir jusqu'à quel point on peut recourir aux explications génétiques et biologiques pour comprendre le risque élevé de suicide chez certaines familles. Nous savons qu'un décès par suicide a un effet négatif sur l'ensemble des membres d'une famille. Jusqu'au début des années 1970, un fort débat avait lieu entre les chercheurs qui mettaient l'accent sur les aspects psychosociaux des déterminants du risque suicidaire et les chercheurs insistant sur les aspects biologiques et héréditaires. Aujourd'hui, la grande majorité des chercheurs s'entendent pour dire que les aspects biologiques et génétiques jouent un rôle dans l'augmentation du risque suicidaire mais qu'il n'existe pas de « gène du suicide » ni d'indicateur génétique ou biologique pouvant identifier si un individu va se tuer ou non. Nous savons cependant qu'il existe une interaction complexe entre les expériences des êtres humains et les aspects biologiques et génétiques de leur cerveau.

Un grand nombre de recherches sur la biologie du suicide portent sur la sérotonine et autres substances qu'on appelle les « neurotransmetteurs ». Les recherches conduites depuis près de 30 ans indiquent que les personnes présentant un déficit dans le fluide céphalo-rachidien de la substance chimique 5-HIAA (qui est un produit transformé de la sérotonine) sont plus à risque de présenter des comportements suicidaires. Il existe un lien entre un faible niveau de sérotonine et la dépression, les comportements agressifs et l'impulsivité. Mais les mécanismes qui font en sorte que certains individus présentent un niveau moins élevé de sérotonine sont relativement complexes. Par exemple, le Prozac et certains médicaments psychotropes contre la dépression se lient aux transmetteurs de la sérotonine, les molécules qui réabsorbent la sérotonine et qui en diminuent donc le niveau disponible au cerveau. L'effet de ces médicaments antidépresseurs est de rendre disponibles moins de transporteurs de sérotonine, de sorte qu'il y ait plus de sérotonine disponible pour le cerveau. Les chercheurs étudient ces mécanismes complexes, mais les recherches ne se limitent pas à la seule sérotonine : les complexités de la sécrétion et de l'élimination de ces substances dans certaines parties spécifiques du cerveau font aussi l'objet de multiples études.

Les études sur les aspects génétiques du suicide sont basées en partie sur celles des jumeaux identiques (monozygotes) et non identiques (hétérozygotes). Les études de l'ensemble des 399 décès par suicide chez des jumeaux rapportées dans diverses études indiquent que, lorsqu'il y a suicide d'un jumeau, 13,2 % des jumeaux identiques se suicident tous les deux, mais ce chiffre baisse à seulement 0,7 % chez les jumeaux hétérozygotes. Une étude auprès de 5 995 jumeaux en Australie a essayé d'évaluer l'importance de différents facteurs socioépidémiologiques pour expliquer les différences dans l'idéation suicidaire et les comportements suicidaires. Cette étude en conclut qu'au moins 40 % des différences dans les comportements suicidaires étaient liées au fait d'avoir des antécédents familiaux en matière de comportements suicidaires. Cependant, chez les jumeaux identiques, l'histoire d'une tentative de suicide ou idéation suicidaire sérieuse d'un jumeau s'avérait être un facteur significatif de prédiction des comportements et pensées suicidaires de l'autre jumeau. Par contre, on n'a pas réussi à trouver de liens entre l'idéation suicidaire et les comportements suicidaires d'un jumeau non identique avec l'autre jumeau.

Il est important de noter que, lorsqu'un membre de la famille se suicide, un pourcentage très faible des autres membres mourra par suicide, même dans le cas de jumeaux identiques. Les études ont identifié qu'il existe possiblement un niveau de vulnérabilité au suicide chez certaines personnes que l'on pourrait lier à certaines variables biogénétiques. Les recherches contemporaines mettent souvent l'accent sur les aspects biogénétiques liés aux traits d'impulsivité. Les personnes plus impulsives ont plus tendance à se suicider lorsqu'elles sont confrontées à des situations difficiles. Un autre aspect du risque génétique est lié à l'hérédité de certains problèmes graves de santé mentale. Encore une fois, on parle plutôt chez certaines personnes de risque plus élevé de présenter un trouble mental important. Puisqu'un problème de santé mental augmente le risque de suicide, les personnes qui sont plus à risque de développer des problèmes de santé mentale sont également plus à risque de mourir par suicide. Il faut aussi comprendre que les événements de vie stressants augmentent le risque de faire une dépression à l'âge adulte, mais une prédisposition génétique augmente le risque que ces événements de vie aient des effets néfastes. Par ailleurs, il y a une interaction entre les facteurs génétiques et les événements de vie. Les enfants qui partagent avec leurs parents des gènes associés à la maladie mentale sont plus sujets à être victimes d'abus et de négligence au cours de leur enfance. D'autre part, les personnes impulsives se mettent dans des situations difficiles parce qu'elles sont violentes ou entrent en conflit avec les membres de leur entourage. Pour compliquer encore plus la situation, des recherches récentes indiquent que les mécanismes d'adaptation (*coping*), les façons dont on fait face aux situations stressantes, peuvent diminuer le risque des effets négatifs de ces expériences.

Les prédispositions biologiques et génétiques des êtres humains jouent un rôle important dans l'augmentation du risque suicidaire. Cependant, aucun gène ou indicateur biologique n'est capable à lui seul d'identifier une personne qui va se tuer. Actuellement, les chercheurs étudient de nombreux aspects génétiques et biologiques, en parallèle avec d'autres mécanismes, et cela prendra encore probablement de nombreuses années avant d'avoir des tests diagnostics nous permettant d'indiquer si, par exemple, un individu présente un risque élevé de suicide à cause d'une disposition génétique, telle que l'impulsivité, par exemple. Puisque le nombre de personnes qui présentent ces risques élevés est nettement plus élevé que le nombre de personnes qui vont éventuellement exprimer ces risques par des comportements suicidaires, le développement de méthodes d'évaluation génétique ou biologique pose des défis importants d'un point de vue éthique. Il faut considérer l'effet de la divulgation des connaissances génétiques concernant un risque plus élevé de suicide sur la personne elle-même et sur les membres de son entourage. Est-ce que ces informations auraient pour effet d'augmenter l'angoisse d'une personne déjà vulnérable ? Ou bien est-ce que ces informations nous permettront d'intervenir afin de prévenir les comportements suicidaires ? Les défis qui se présentent pour les recherches biologiques et génétiques ne sont pas limités aux découvertes scientifiques. Nous devrons aussi développer des critères d'utilisation de ces connaissances en comparant les bénéfices pour les individus, les membres de leur entourage et la société, et les effets négatifs possibles.

LE SUICIDE PEUT-IL ÊTRE UN ACTE RATIONNEL ?

Est-ce que le suicide est le résultat d'une décision rationnelle que les êtres humains peuvent prendre ou est-ce que le suicide est un acte de folie — le résultat d'un problème de santé mentale ? Est-ce que le raisonnement des individus suicidaires est déréglé par un trouble mental ? Certains suicides sont évidemment irrationnels : par exemple, une schizophrène qui se tue après avoir entendu des voix l'incitant à s'enlever la vie. Cependant, certains peuvent considérer le suicide comme un geste rationnel, logique, résultant d'un raisonnement. Afin de mieux comprendre le débat, il faut d'abord définir ce qu'on entend par rationalité. Le philosophe Jacques Choron a défini le suicide rationnel comme étant un suicide où aucun problème important de santé mentale n'entre en jeu, où les capacités de raisonnement de l'individu sont en bon état de fonctionnement et où les motivations pour le suicide semblaient justifiables ou au moins compréhensibles par la majorité des personnes dans sa société ou dans son groupe social. Si on accepte les exigences de cette définition de Choron, des problèmes se posent au départ pour la grande majorité des suicides : environ 80 % des personnes qui meurent par suicide souffrent de troubles mentaux, par exemple, la dépression clinique, l'alcoolisme ou l'abus de drogues. Si on accepte sa définition, seul un petit nombre de suicides pourraient être considérés comme étant le résultat d'un geste rationnel. Même les organismes qui luttent pour l'acceptation du suicide rationnel, comme la Hemlock Society prennent bien la précaution d'indiquer que les personnes qui se tuent pour des raisons irrationnelles ou émotionnelles ne doivent pas être supportées dans leur demande d'un suicide rationnel. Derek Humphrey, le directeur de la Hemlock Society, spécifie que la société ne doit pas encourager un suicide « pour des raisons de santé mentale ou de tristesse » (Humphrey, 1986, p. 172-173, c'est nous qui traduisons).

Lorsqu'une personne se tue malgré le fait qu'elle ne souffre pas d'un trouble mental, on peut se demander s'il s'agit là d'un suicide rationnel. Dans certains cas, il faut évidemment exclure le suicide de la catégorie de la rationalité lorsque nous nous trouvons en présence d'un facteur qui compromet les capacités de raisonnement d'un individu. Par exemple, quelqu'un qui a consommé des drogues ou de grandes quantités d'alcool ou même quelqu'un qui vient de vivre un choc psychologique (par exemple, qui vient d'apprendre que sa femme l'a quitté pour son meilleur ami) peut se retrouver dans une situation où ses capacités de jugement rationnel sont atteintes par son état psychique. Tout de même, existe-t-il certaines situations où l'on peut considérer que le suicide est un acte rationnel ?

Habituellement, les définitions de ce qui constitue un processus de prise de décision rationnel impliquent la capacité à recourir à un raisonnement logique, sans que des facteurs extérieurs ne viennent l'influencer. Le philosophe contemporain David Mayo a défini le suicide rationnel comme étant un geste réalisé dans une situation où l'individu considère ses choix de façon réaliste, en les mettant en relation avec ses objectifs et intérêts fondamentaux. À la suite d'une analyse logique de la situation, il choisit ce qui va maximiser la réalisation de ses objectifs fondamentaux.

Brian Mishara a suggéré que l'exigence de la prise de décision dans le cas du suicide sur une base rationnelle et logique va à l'encontre de la réalité de la prise de décision importante des êtres humains en général. Selon lui, les décisions les plus importantes d'une vie, comme avec qui va-t-on se marier, quelle carrière va-t-on choisir etc., sont essentiellement émotionnelles. Selon Mishara, les êtres humains n'ont pas recours à un processus logique pour ces choix importants et il se demande donc comment on peut croire qu'une décision aussi importante que la cessation volontaire de la vie doive s'avérer plus rationnelle que les autres décisions mentionnées plus haut. Ceux qui revendiquent le droit à un suicide rationnel insistent généralement sur le fait que la personne qui prend cette décision doit être dans un état de souffrance interminable et insupportable. Mishara a suggéré que la présence d'une souffrance intense peut compromettre notre habileté de prise de décision rationnelle.

Les notions de suicide rationnel, selon le psychologue David Clark, sont souvent confondues avec l'idée de suicide « compréhensible ». Selon lui, lorsqu'on utilise le mot « rationnel » pour décrire un décès par suicide, très souvent cela veut simplement dire qu'on comprend et que l'on respecte que la personne ait choisi, étant donné les circonstances, de se suicider. Au-delà de cette compréhension, de ce respect, il y a aussi cette conviction qu'ont certains individus qu'il vaudrait mieux, pour certaines personnes, qu'elles meurent, vu leur souffrances, leurs conditions de vie. Et pourtant, malgré l'idée très répandue selon laquelle les personnes souffrant d'un handicap grave ou de maladie mortelle préféreraient mourir que de vivre ces handicaps, la grande majorité des personnes se retrouvant dans de telles situations préfèrent continuer à vivre et il est très rare qu'elles commettent des actes pour abréger leur vie.

Les débats entourant le suicide rationnel mettent souvent l'accent sur l'obligation de la société de faciliter l'accès au suicide pour certains individus se retrouvant dans certaines circonstances. Si l'on accepte la possibilité d'un suicide rationnel, il faut énoncer des critères permettant de spécifier les circonstances dans lesquelles un suicide rationnel pourrait se produire. Mais cela n'est guère facile, puisque ce qui est vécu comme une souffrance insupportable par une personne pourrait être vécu comme un inconfort acceptable pour un autre individu. Si on exige que le processus décisionnel soit rationnel, comment peut-on justifier une telle exigence dans une société où la grande majorité des décisions importantes prises au cours de la vie des êtres humains ont des bases fortement émotionnelles ? Souvent, les intervenants — même ceux qui acceptent la possibilité d'un suicide rationnel — interviennent auprès de tous ceux qui expriment le désir de s'enlever la vie. Ces interventions sont souvent justifiées par la croyance selon laquelle les suicides rationnels, s'ils existent, sont rares, difficiles à identifier et que ces personnes ne demandent généralement pas l'aide d' intervenants.

MALADIES PHYSIQUES ET SUICIDE

L'importance de la maladie physique comme facteur de risque suicidaire est sujet à débat. Les personnes souffrant d'une maladie physique sont généralement plus à risque de se suicider que les personnes en bonne santé, et les personnes souffrant d'une maladie physique grave et irréversible sont encore plus à risque. Cependant, toutes les maladies physiques chroniques et mortelles ne sont pas liées à un risque accru de suicide; et même lorsque le risque relatif de suicide est très élevé par rapport à celui que présente la population en bonne santé, peu de malades meurent par suicide. De plus, l'influence d'une maladie physique sur le risque suicidaire est déterminée par les effets de la maladie, les effets secondaires des traitements de la maladie, et les perceptions de l'individu de sa propre maladie et de ses effets.

Les recherches indiquent que lorsqu'on exclut les patients psychiatriques et les personnes âgées, à peu près un tiers des personnes qui meurent par suicide avaient au moins une maladie physique au moment de leur décès. Cependant, l'implication de la maladie physique comme cause potentielle du décès par suicide varie, selon les recherches, entre 11 % et 50 % des cas. Les maladies physiques qui augmentent le risque de suicide incluent l'épilepsie, les blessures cérébrales, les maladies cardiovasculaires, la chorée de Huntington, la maladie de Parkinson, le cancer, les maladies rénales et le SIDA.

Une recherche en Angleterre a trouvé que le risque de mort par suicide chez les personnes souffrant d'épilepsie est 5,4 fois plus élevé que dans la population générale et qu'environ 5 % des personnes souffrant d'épilepsie mourront éventuellement par suicide. Cette étude a montré, à l'encontre des tendances générales selon lesquelles les hommes se suicident plus que les femmes, que le risque de suicide chez les femmes épileptiques était le double du risque présenté par les hommes épileptiques. Peu de données existent encore sur les raisons expliquant le fait que les personnes souffrant d'épilepsie présentent un risque plus élevé de suicide.

Les personnes souffrant de traumatismes cérébraux et de maladies du cerveau souffrent plus souvent de dépression majeure que la population en général. À cause du lien important entre la dépression et le suicide, on trouve un risque plus élevé de suicide chez les personnes présentant des traumatismes cérébraux de même que chez les personnes présentant des maladies cardiovasculaires et ce, quand ces personnes présentent aussi des symptômes de dépression clinique. L'étude de Whitlock et Susskind a démontré que les personnes mortes par suicide présentaient 6 fois plus de maladies cardiovasculaires que la population en général.

La maladie dégénérative qu'on appelle la chorée de Huntington, découverte en 1872, a été définie par George Huntington comme étant une maladie « avec tendance à la folie et au suicide ». Les recherches indiquent qu'environ 7 % des personnes souffrant de cette maladie mourront éventuellement par suicide, ce qui est nettement plus élevé que la proportion des décès par suicide dans la population en général. Plus de la moitié de ces suicides ont lieu au début de la maladie, lorsque l'individu commence à présenter les premiers symptômes.

La maladie de Parkinson engendre souvent des dépressions comme symptômes reconnus de la maladie. Ce lien entre dépression, maladie de Parkinson et suicide peut expliquer le fait que les personnes souffrant de cette maladie ont jusqu'à 200 fois plus de risques de mourir par suicide que le reste de la population.

Les personnes atteintes du cancer présentent entre 15 et 20 fois plus de risques de se suicider que le reste de la population. Contrairement à la croyance populaire selon laquelle les personnes atteintes du cancer finissent par se tuer lorsqu'elles souffrent beaucoup ou lorsqu'elles subissent des handicaps importants liés à cette maladie, les recherches démontrent plutôt que les plus hauts taux de suicide pour les patients cancéreux se retrouvent dans la première année de la maladie, et en particulier dans les semaines suivant le moment où le patient a reçu son diagnostic. Les recherches montrent qu'entre 4 % et 58 % des patients cancéreux peuvent être diagnostiqués comme souffrant d'une dépression clinique. Cependant, seulement 5 % des patients cancéreux en dépression vont éventuellement mourir par suicide. La dépression chez les patients cancéreux a de multiples causes. Elle est souvent un effet secondaire des médicaments utilisés pour lutter contre le cancer. Dans certains cas, la dépression peut être une réaction au fait de souffrir du cancer ou de subir des effets secondaires comme la douleur ou la perte de contrôle sur sa vie. Il arrive souvent que cette dépression puisse être traitée par des psychotropes, la psychothérapie ou un changement dans le milieu psychosocial des patients. Cependant, les professionnels de la santé ont plus tendance à accepter le suicide d'un patient souffrant d'un cancer en phase terminale que le suicide d'autres patients avec d'autres diagnostics. Cette acceptation fait en sorte que de nombreux patients cancéreux et déprimés ne reçoivent pas de traitements pour leur dépression.

Les personnes qui souffrent de problèmes gastro-intestinaux se tuent entre 2,5 et 11 fois plus que ne le fait la population en général, particulièrement les personnes qui ont des ulcères peptiques. Les chercheurs interprètent le risque élevé de suicide comme étant attribuable à l'alcoolisme, une des causes courantes des ulcérations peptiques. On sait d'autre part que les alcooliques présentent déjà un haut risque de suicide, sans ou avec des problèmes gastro-intestinaux.

Les personnes qui souffrent d'une maladie rénale et qui ont des traitements d'hémodialyse sont 100 fois plus à risque de se suicider que la population générale. Encore une fois, les symptômes de dépression liés aux problèmes rénaux ainsi que les effets psychologiques de la dépendance aux appareils d'hémodialyse semblent être les causes de ce haut taux de suicide.

Les personnes atteintes du SIDA présentent un risque plus élevé de mourir par suicide. Cependant, comme dans le cas du cancer, le risque est le plus élevé lorsque les personnes apprennent qu'elles sont séropositives au VIH, avant même qu'elles ne présentent des symptômes du SIDA. À cause de ce risque élevé au moment du diagnostic, un grand nombre de programmes de dépistage du SIDA insistent pour que les résultats des tests ne soient divulgués que par des conseillers expérimentés. Il existe même des indications qu'un certain nombre de personnes se tuent parce qu'elles pensaient avoir le SIDA, alors qu'en réalité les résultats d'autopsie ont indiqué qu'elles n'étaient pas séropositives.

Plusieurs hypothèses existent pour expliquer les liens entre le risque élevé de suicide et le SIDA. La plupart d'entre elles mettent l'accent sur l'état de dépression des personnes séropositives. Les personnes qui ont le SIDA sont plus souvent membres de groupes à haut risque de SIDA, y compris les hommes homosexuels et les consommateurs de drogues par injections intraveineuses. De plus, la dépression est un des effets secondaires de certains médicaments utilisés dans le traitement du SIDA et de ses symptômes. Le fait d'avoir une maladie irréversible et éventuellement mortelle peut également engendrer des réactions de dépression. Une autre hypothèse est que le suicide est lié aux symptômes de la maladie et à la souffrance du malade. Une étude longitudinale de personnes atteintes du SIDA effectuée par Mishara a démontré que, même si la dépression et d'autres facteurs sont associés à un risque plus élevé d'idéations et d'intentions suicidaires des personnes atteintes du SIDA, lorsqu'on étudie l'ensemble des facteurs en jeu, les seuls qui demeurent importants sont les mécanismes d'adaptation utilisés pour faire face aux problèmes liés au SIDA et la perte de sens à la vie. Ces résultats montrent que le suicide n'est pas un effet direct du SIDA, mais qu'il est lié aux capacités des individus à faire face à leurs problèmes et à la qualité de leur vie quotidienne, à leur implication avec autrui. Des interventions pour apprendre les meilleures façons de faire face aux problèmes et de rehausser l'estime de soi et l'attachement à la vie peuvent contribuer à la diminution du risque suicidaire chez les personnes atteintes du SIDA.

Il existe de nombreuses maladies physiques qui ne présentent pas un risque élevé de suicide, même si en général on pourrait croire que les malades qui en sont atteints présentent un plus haut taux de suicide, par exemple, les personnes atteintes de sclérose en plaques de même que les personnes souffrant de démence sénile ou de la maladie d'Alzheimer. Les personnes souffrant d'un handicap chronique mais non mortel sont fréquemment diagnostiquées comme souffrant de dépression clinique. Certains chercheurs pensent que ces diagnostics sont parfois erronés parce que les symptômes de ces maladies sont utilisés pour classer une personne dans la catégorie des dépressifs. Cependant, malgré le diagnostic fréquent de dépression, les recherches jusqu'à aujourd'hui n'indiquent pas que les personnes souffrant d'un handicap physique ou de maladies chroniques non mortelles seraient plus à risque de suicide que les personnes en bonne santé.

Il arrive très souvent que les chercheurs s'intéressant aux liens entre suicide et maladies physiques identifient la dépression comme le facteur le plus associé au risque élevé de suicide. On émet souvent l'hypothèse que la dépression est un effet secondaire de la maladie ou une réaction de l'individu au fait de souffrir de cette maladie ou d'être atteint d'une maladie dégénérative ou terminale. Mais la dépression peut aussi être attribuable aux effets secondaires des médicaments utilisés pour traiter la personne. Dans d'autres cas, la dépression peut être liée à l'environnement psychosocial. Une personne qui jouissait d'une bonne qualité de vie se voit soudainement captive d'un environnement hospitalier « déprimant ». Il arrive souvent que la dépression ne soit pas traitée par les médicaments ou la psychothérapie et que les intervenants ne prennent pas en compte le rôle joué par l'environnement physique. En effet, les malades soignés en unités de soins palliatifs, où l'environnement psychosocial est nettement plus chaleureux que celui d'une unité hospitalière traditionnelle, ainsi que les malades soignés à domicile, ont tendance à être moins déprimés que ceux pris en charge dans un milieu hospitalier traditionnel.

Dans certains cas, le risque de suicide est plus élevé chez les personnes qui souffrent de douleurs non contrôlées. Les recherches indiquent que, dans le cas du cancer, la douleur non contrôlée est liée aux comportements suicidaires.

Habituellement, si les médecins donnent suffisamment de médicaments et pratiquent d'autres interventions pour diminuer la douleur, les tendances suicidaires diminuent significativement. Même si la douleur est liée aux tendances suicidaires dans le cas du cancer, il n'est pas certain qu'il existe un lien entre la douleur et la souffrance chez les personnes atteintes d'autres maladies. Par exemple, la douleur et la souffrance ne sont pas liées à un risque plus élevé de suicide pour les personnes atteintes de SIDA. D'autres facteurs semblent être en jeu.

La relation entre maladie physique et risque élevé de suicide n'est pas inévitable. En effet, la grande majorité des personnes souffrant de maladies dégénératives ne se suicideront pas et c'est ainsi dans de nombreux handicaps et maladies graves. Malgré ce que l'on croit généralement, le risque de suicide n'est pas plus élevé qu'au sein de la population en général. Le fait que pour certaines maladies le risque de suicide soit plus élevé au moment du diagnostic laisse entendre que les craintes concernant la maladie sont plus importantes que les effets de la maladie. Le *counselling* professionnel et le support de la part des membres de l'entourage tout de suite après qu'un individu apprend son diagnostic peuvent aider l'individu à traverser ce moment souvent difficile.

L'INFLUENCE DES MÉDIAS

En 1774, la publication du livre de Goethe, *Les souffrances du jeune Werther*, a suscité une vague de suicides dans plusieurs pays d'Europe chez des jeunes semblant s'identifier au héros qui se tue après avoir été rejeté par la femme qu'il aimait. Dans les notes laissées par les victimes, celles-ci disaient clairement que leur suicide était *comme* le suicide du jeune

Werther dans le roman. Depuis les années 1970, les chercheurs se sont intéressés aux effets de la publicité sur les suicides réels ainsi que sur les suicides fictifs dans les médias. L'événement récent qui a suscité probablement la plus grande augmentation de décès par suicide a été la mort de la vedette de cinéma Marylin Monroe. Selon les chercheurs, on a pu observer une augmentation de 12 % des décès par suicide à la suite de sa mort. Le chercheur Stephen Stack, dans une recension détaillée des effets des médias sur le suicide, a trouvé à la suite d'un suicide très publicisé aux États-Unis, que le taux national du suicide augmente en moyenne de 2,5 % dans le mois qui suit. Les recherches indiquent que l'envergure de l'effet de la publicité sur les suicides dépend de l'importance que les médias leur accordent. Les suicides présentés à la une des journaux risquent davantage de provoquer une augmentation du taux de suicide que ceux présentés en entrefilet ailleurs dans un journal. Les suicides des personnes célèbres provoquent en moyenne 14 fois plus de suicides que ceux d'inconnus. Par exemple, une étude de Tousignant et collaborateurs a démontré qu'à la suite du décès par suicide d'un journaliste québécois connu, en 1999, on a vu une augmentation importante des décès par suicide et spécifiquement de décès provoqué par la même méthode de suicide. Les récits de véritables suicides ont 34 fois plus de probabilité d'augmenter les taux de suicide qu'une histoire fictive. Cependant, certaines histoires fictives ont eu pour effet d'augmenter les décès par suicide. Par exemple, une série télévisée portant sur l'histoire d'un jeune homme en Allemagne a eu l'effet d'augmenter le taux de suicide des jeunes hommes à la suite de la télédiffusion de cette série à deux reprises, et l'augmentation était plus importante dans l'utilisation de la même méthode que le personnage fictif, soit se jeter devant un train.

Les histoires de suicide dans les journaux ont plus d'effets que les suicides rapportés aux nouvelles télédiffusées. Cela peut s'expliquer en partie par le fait qu'en moyenne, une nouvelle sur un suicide dure 20 secondes à la télévision mais un article de journal bien étoffé peut présenter beaucoup de détails et occuper l'attention du lecteur pendant longtemps.

L'effet des médias sur les comportements suicidaires s'explique de différentes façons. Une des explications les plus simples est qu'il y a un effet d'imitation : les personnes très troublées apprennent en lisant des articles de journaux que le suicide est une façon de résoudre leur type de problème. Cet effet peut être accentué chez les personnes dont les capacités de raisonnement sont affaiblies par un problème de santé mentale. Une deuxième explication est que cela prend une identification particulière avec l'histoire ou les caractéristiques de la personne qui s'est suicidée.

L'Organisation mondiale de la santé (OMS), l'Association canadienne pour la prévention du suicide et l'Association québécoise pour la prévention du suicide ont produit des recommandations transmises aux médias afin de diminuer le risque d'augmentation des décès par suicide. Ces recommandations incluent : ne pas mentionner la méthode de suicide, ne pas présenter des photos de la personne décédée par suicide, ne pas donner l'impression que le suicide découle automatiquement d'un motif unique (« il s'est suicidé parce qu'il était victime de chantage ») puisque les facteurs liés au suicide d'un individu sont toujours complexes. Il est aussi très important de ne pas publiciser certains types de suicide. Des recherches sur le suicide dans le métro de Vienne ont indiqué que lorsque les médias ont cessé de faire des reportages sur les suicides dans le métro, l'utilisation de ce moyen a diminué significativement, en même temps que le taux de suicide dans l'ensemble de la ville. Il a même été suggéré que si les conséquences négatives d'un suicide sont mentionnées dans des reportages, on constate moins d'effets d'imitation. Par exemple, à la suite des reportages sur le suicide de masse à Jonestown montrant les corps en putréfaction des victimes et la douleur des proches de celles-ci, on a connu une diminution des suicides. Les reportages sur le suicide ignorent souvent la souffrance des personnes. Les médias ignorent aussi que, pour chaque personne dans une situation semblable qui est profondément suicidaire et qui meurt par suicide, il y a des milliers de personnes dans des situations semblables qui trouvent d'autres solutions à leurs problèmes.

CHAPITRE 8

La prévention du suicide

SIGNES PRÉCURSEURS

LA PLUPART DES GENS pensent au suicide à un moment de leur vie. Cependant, le nombre de ceux qui pensent *sérieusement* au suicide est nettement moins élevé et se situe autour de 4 % de la population du Québec. Parmi les gens qui pensent sérieusement à s'enlever la vie, seul un petit pourcentage fera une tentative de suicide et chaque année, près de ,02 % de la population (15 par 100 000 habitants par année) mourra par suicide au Canada. Donc, les personnes qui se trouvent dans les groupes « à risque élevé » mourront rarement par suicide, même si les risques qu'elles en viennent à se tuer sont plus élevés que pour le reste de la population. Ceci dit, il est quand même important de cibler les groupes à risque afin de prévoir des actions préventives. Même si l'appartenance à un groupe à risque n'est en soi pas une indication qu'un individu va se suicider, il existe des signes précurseurs qui permettent d'identifier le moment où une mesure d'intervention peut s'avérer susceptible de prévenir un décès par suicide ou une tentative de suicide.

LES INDICATEURS DU RISQUE SUICIDAIRE

La grande majorité des personnes qui se suicident laissent des indices de leur intention avant de passer à l'acte. Peu de gens, en fait, se tuent de façon impulsive, sans jamais avoir pensé qu'ils en arriveraient un jour à faire ce geste. Les suicides impulsifs se produisent à la suite d' un événement traumatisant, dans un moment de grande vulnérabilité où un moyen de se tuer est facilement accessible. Il arrive souvent que les personnes qui se tuent impulsivement dans une situation de crise aiguë aient consommé des boissons alcoolisées ou des drogues, ce qui a pour effet d'affaiblir leur jugement et d'augmenter les réactions émotionnelles. Ces suicides imprévisibles semblent plus fréquents chez les individus ayant un caractère impulsif, mais, encore une fois, seule une petite minorité d'entre eux se suicideront. La majorité des gens vont en parler avec les membres de leur entourage, et ce, de différentes façons, par exemple: «Parfois, je me demande s'il ne serait pas mieux de simplement disparaître» ou «Je pense qu'il vaudrait mieux que je sois mort». Dans environ la moitié des cas, selon les recherches, les personnes qui entendent ces énoncés les prennent au sérieux et discutent avec la personne de ses problèmes. Mais malheureusement, dans l'autre moitié des cas, les amis ou membres de la famille qui entendent ces paroles suicidaires changent de sujet ou disent quelque chose comme: «Je suis certain que ça va aller mieux», sans demander ce qui va mal ou essayer d'aider la personne. Lorsque quelqu'un exprime ses intentions ou pensées suicidaires, il s'agit là d'une occasion importante de trouver des solutions à son désarroi. Il est important de prendre toutes les menaces de suicide au sérieux.

Les personnes suicidaires changent souvent de comportement avant de passer à l'acte. Ces changements peuvent inclure la dépression, l'apathie, le pessimisme ou l'irritabilité. Les membres de leur entourage ont souvent l'impression qu'ils « ne sont pas comme d'habitude » ou « ne sont pas eux-mêmes ». Il se produit parfois des changements sur le plan des habitudes alimentaires (manger beaucoup ou arrêter de manger) ou du sommeil (dormir beaucoup ou être incapable de s'endormir, particulièrement se réveiller tôt le matin et ne plus pouvoir se rendormir par la suite). Ces symptômes sont des indications que quelque chose ne va pas et il est important de poser des questions directes pour voir ce qui ne va pas. Aussi, les personnes ayant la ferme intention de se suicider font souvent des préparatifs en vue de leur mort. Par exemple, une personne suicidaire peut mettre de l'ordre dans ses affaires personnelles, rendre visite à des amis qu'elle n'a pas vus depuis longtemps (pour leur dire au revoir) ou encore donner des objets importants (il faut faire particulièrement attention si la personne dit des choses comme : « Je n'en aurai plus besoin » ou « Ces choses ne m'intéressent plus »). Il arrive parfois que les adieux se fassent en exprimant des sentiments jamais verbalisés auparavant (par exemple : « Je ne t'ai jamais dit à quel point je t'aime, je voulais simplement que tu le saches »).

Un autre signe de danger est l'apparition d'un intérêt particulier pour les manières de se suicider. Par exemple, quelqu'un peut tenter de se procurer une arme à feu ou encore s'exercer à faire des nœuds avec une corde, ou encore consulter des sites Web qui donnent des informations quant à la manière dont on s'y prend pour se tuer. Parfois, les préparatifs semblent tellement « évidents » que les membres de l'entourage croient que ce n'est qu'une stratégie pour attirer l'attention. Même si on croit que cette tendance (attirer l'attention) est présente dans les préparatifs ou les énoncés, il est très important de la prendre tout de même au sérieux et d'essayer d'aider la personne. Lorsque quelqu'un est désespéré au point de menacer de se tuer pour obtenir de l'attention, c'est, de toute façon, une indication que quelque chose va vraiment mal.

QUE FAIRE LORSQU'IL Y A DES INDICATIONS DE RISQUE SUICIDAIRE ?

Lorsqu'un individu laisse entrevoir certains signes indiquant un désir potentiel de suicide ou qu'il pense sérieusement à le faire, il est très important de discuter avec lui de ses sentiments. Malheureusement, nombreux sont ceux qui hésitent à parler à quelqu'un qui semble suicidaire, parce qu'ils ont peur de « faire une bêtise » et d'augmenter ainsi le risque suicidaire ou de « donner l'idée de se tuer » à une personne vulnérable. En réalité, il est impossible de suggérer le suicide ou de pousser quelqu'un même en lui posant des questions directes du genre : « Est-ce que tu penses à te tuer ? » Les intervenants qui travaillent en prévention du suicide conseillent à tous ceux qui croient qu'il existe ne serait-ce qu'un risque, aussi petit soit-il, que quelqu'un soit suicidaire, de poser des questions directes. Les recherches indiquent clairement que le fait de poser ces questions n'augmentent pas le risque suicidaire et peut même contribuer à diminuer le risque d'un passage à l'acte, parce que le fait d'en parler directement fait voir à la personne suicidaire que quelqu'un s'intéresse à elle et est prêt à discuter du suicide et de ses intentions. Généralement, les personnes suicidaires sont soulagées lorsqu'un ami ou un membre de leur famille est capable de poser des questions directes concernant leurs pensées suicidaires.

Après avoir demandé si la personne pense au suicide, si la réponse n'est pas une négation ferme (si la personne répond, par exemple, « pas vraiment », nous ne sommes pas en présence d'un « non », mais plutôt d'un « oui » déguisé), il est utile de poser d'autres questions sur ses intentions, telles que celles-ci : « As-tu pensé à la manière de le faire ? Comment vas-tu le faire ? Est-ce que tu disposes des moyens pour le faire ? Quand penses-tu le faire ? » Les discussions doivent ensuite mettre l'accent sur les sources d'aide mises à la disposition de la personne qui peuvent lui permettre de résoudre ses problèmes, y compris ses amis et confidents et les services de santé mentale ou de santé familiale. Il serait utile de voir quelle est la nature du problème que la personne veut régler par son suicide et d'explorer d'autres façons de diminuer sa souffrance.

Il est important de rester calme et de ne pas juger l'acte suicidaire comme étant mauvais, bon ou antireligieux. Il est aussi utile de poser des questions sur les facteurs de risque, comme les problèmes de santé mentale et les soins reçus. Il est important de savoir si la personne a déjà consulté des professionnels pour obtenir de l'aide. Si quelqu'un a l'intention de se tuer dans les prochaines heures, il est essentiel de ne pas laisser la personne seule et de trouver des sources d'aide appropriées.

PRÉVENTION PRIMAIRE DU SUICIDE

La prévention primaire du suicide porte sur les activités qui permettent de prévenir les désirs suicidaires ainsi que le passage à l'acte. Deux types d'activités de prévention existent : les activités qui s'adressent à la population en général et les stratégies de prévention qui visent plutôt certains groupes à risque spécifiques. L'instauration de la Semaine nationale de prévention du suicide au Québec qui a lieu chaque année est un excellent exemple du premier type de prévention ; celle-ci a en effet pour objectif la communication de messages concernant la prévention du suicide à l'ensemble de la population. Ces messages varient d'une année à l'autre, mais présentent toujours des informations sur les sources d'aide (par exemple, le numéro de téléphone sans frais pour joindre un centre de prévention du suicide), sur les changements d'attitude concernant le suicide (par exemple, le préjugé selon lequel on ne peut rien faire pour prévenir un suicide) ainsi que sur la connaissance des « signes de danger » d'un risque suicidaire. D'autres campagnes auprès de la population portent sur les facteurs liés aux comportements suicidaires plutôt que directement sur le suicide. Par exemple, un programme de sensibilisation dans les écoles secondaires a été mis sur pied pour permettre l'identification des personnes souffrant de dépression et une meilleure utilisation des services pour les traiter. Il existe peu de recherches qui indiquent que les programmes de sensibilisation visant la population en général sont efficaces. Les recherches indiquent parfois une augmentation des connaissances (par exemple, on connaît dorénavant la disponibilité des services d'aide par téléphone) mais il n'est pas sûr que les campagnes aient réussi à changer les attitudes ou les comportements. Cependant, à chaque nouvelle Semaine de prévention du suicide au Québec, on constate une augmentation de l'utilisation des services d'aide. Cependant, nous ne savons pas à quel point cette augmentation des appels et des consultations aux centres de prévention du suicide a une influence sur le taux de suicide complété ou de tentatives de suicide.

Une des stratégies de prévention du suicide est actuellement au centre d'une controverse : celle des programmes en milieu scolaire, habituellement dans les écoles secondaires. Puisqu'il n'existe pas de critères pour déterminer ce qu'est un « bon programme », les programmes existant varient énormément en contenu et en durée. Les recherches indiquent que les programmes à très courte durée, par exemple, la sensibilisation de 45 minutes dans les classes d'une école, ne semblent pas apporter des bénéfices aux élèves. Cependant, certains programmes qui comprennent la formation des enseignants et du personnel de l'école ainsi que la mise sur pied de meilleurs systèmes pour dépister les jeunes à risque et les adresser aux services appropriés peuvent aider certains jeunes à risque suicidaire. La controverse actuelle oppose deux tendances : les approches visant à former les jeunes à identifier leurs pairs à risque et à trouver de l'aide pour eux, et les programmes visant un dépistage psychiatrique des troubles de santé mentale. Les programmes mettant l'accent sur le dépistage des troubles mentaux réussissent à trouver de l'aide pour certains jeunes, mais souvent plus de la moitié d'entre eux n'utilisent pas les services d'aide offerts. À ce jour, aucune preuve n'existe quant à l'effet qu'un quelconque programme diminue les taux de suicide des jeunes. Cependant, de nombreux programmes scolaires peuvent citer des cas où quelqu'un à risque élevé de se tuer semble avoir profité de l'aide offerte par les activités d'un programme. Il est évident que les programmes à courte durée et ceux qui visent la sensibilisation des jeunes sans fournir de ressources d'aide n'ont pas d'effets bénéfiques.

Une autre approche en amont de la prévention primaire est de promouvoir la santé mentale en général à un jeune âge. Par exemple, le programme « Les Amis de Zippy » enseigne aux jeunes enfants de première année du primaire comment mieux faire face aux difficultés de la vie quotidienne. Ce programme, développé par l'organisme à but non lucratif *Partnership for Children*, a une durée de 24 semaines et comprend des jeux et mises en situation à partir d'histoires de jeunes enfants et du personnage d'un insecte appelé « Zippy », l'animal domestique de l'un d'eux. Les recherches indiquent que, en comparaison avec des groupes témoins ne participant pas au programme, les enfants ont un plus grand répertoire de mécanismes d'adaptation (*coping*), ils connaissent une amélioration de leurs habiletés sociales et on constate la diminution des problèmes comportementaux. Même si ce programme n'aborde pas le suicide directement, mais plutôt les mécanismes d'adaptation — parce que les recherches indiquent que les adolescents qui font des tentatives de suicide disposent d'un moins grand répertoire de mécanismes d'adaptation —, on peut envisager que, si les enfants apprennent de meilleures stratégies pour faire face aux problèmes, y compris une amélioration de leur capacité à demander de l'aide et à l'utiliser, ils seront susceptibles de connaître moins de problèmes graves plus tard dans la vie. De plus, s'ils connaissent des problèmes plus tard, ils seront plus susceptibles de demander de l'aide et de l'utiliser pour les résoudre.

Nous savons que la plupart des personnes suicidaires parlent de leurs tendances suicidaires avec d'autres personnes, ou donnent des indications de leurs intentions de s'enlever la vie par des changements de comportement ; un des programmes que plusieurs stratégies nationales de prévention du suicide ont décidé de mettre de l'avant est la formation de « sentinelles », c'est-à-dire de personnes susceptibles d'être en contact avec un individu suicidaire et de trouver de l'aide. Les sentinelles incluent les médecins généralistes, les membres du clergé, les professeurs, les leaders de groupes de jeunes, les animateurs de programmes pour personnes âgées, etc. La formation des sentinelles inclut habituellement l'apprentissage de méthodes d'identification et d'évaluation du risque suicidaire et ainsi que celui des moyens de réagir face aux menaces de suicide, sans oublier la connaissance des ressources disponibles dans leur communauté. Un des programmes de sensibilisation des médecins au dépistage de la dépression a suscité énormément d'intérêt : le programme de l'île de Gotland en Suède. Dans ce programme, on a trouvé qu'une meilleure formation des médecins au dépistage et au traitement de la dépression ainsi qu'à la discussion du suicide contribuait à une augmentation du traitement de la dépression dans la population et à une diminution significative des décès par suicide.

Partout dans le monde, des milliers de personnes appellent aux centres de prévention du suicide et aux centres de crise pour faire part de leurs intentions suicidaires et pour trouver de l'aide. Les styles d'intervention des différents centres vont d'une approche « d'écoute active », où un intervenant bénévole ne fait qu'écouter et refléter une compréhension de l'appelant, à l'approche de la « résolution de problèmes », où l'appelant est encouragé à trouver des solutions et à utiliser des ressources d'aide spécifiques. Les recherches indiquent que, dans certains cas, les régions qui bénéficient de services d'aide téléphonique peuvent connaître des diminutions des taux de suicide chez ceux qui font appel à leurs services. Par exemple, des recherches américaines ont indiqué que les femmes d'âge mûr, qui constituent le plus grand groupe d'utilisateurs des services d'aide téléphonique, se tuent moins souvent dans les comtés américains où il y a des services téléphoniques de prévention du suicide que dans ceux où il n'y en a pas. Nous ne pourrions plus aujourd'hui effectuer une telle recherche puisqu'il existe aux États-Unis une ligne sans frais (1-800-Suicide) disponible pour toute la population.

Un des grands défis de la prévention du suicide est le fait que certains groupes à risque consultent moins souvent et demandent moins souvent d'aide, notamment les hommes qui souffrent de dépression ou qui vivent un problème d'abus d'alcool ou de drogues et qui ont des intentions suicidaires. Suicide Action Montréal, le centre de prévention du suicide pour la région de Montréal, a constaté que, même si ces hommes à risque n'appellent pas souvent, de nombreux proches, membres de la famille et de l'entourage de ces hommes appellent pour demander ce qu'ils peuvent faire pour aider ces hommes suicidaires. Une recherche effectuée par Brian Mishara, Janie Houle et Suicide Action Montréal a comparé différents programmes complémentaires offerts aux proches des hommes à haut risque suicidaire. Cette recherche a montré que la participation à la rencontre où l'on donnait de l'information sur le suicide et sur la manière de trouver de l'aide ainsi que les programmes de « parrainage téléphonique » avec un bénévole qui poursuivait des contacts avec les appelants de façon personnalisée, jumelée avec une approche centrée sur les solutions, a contribué à diminuer le nombre de tentatives de suicide et les intentions suicidaires des hommes à risque qui ne prenaient pas eux-mêmes contact avec ce centre.

Dans certains milieux bien délimités, un programme global à plusieurs volets peut avoir un effet préventif. C'est le cas d'un programme offert pour l'ensemble du corps policier de la ville de Montréal, doté d'un effectif de plus de 4000 individus. Un programme parrainé par l'administration et le syndicat des policiers et développé par le programme d'aide aux employés comprenait un cours de formation et de sensibilisation sur le suicide pour tous les membres du personnel, une formation approfondie des superviseurs et représentants syndicaux sur le dépistage des personnes à risque et les interventions possibles, la mise sur pied d'une ligne d'aide téléphonique spécifiquement pour les policiers (service offert par des policiers bénévoles) et une campagne publicitaire générale. Avant la mise sur pieds de ce programme, on comptait en moyenne 1,6 décès par suicide par année et dans les 15 années avant la mise sur pied du programme, on n'avait connu qu'une année sans décès par suicide. Dans les sept années suivant l'implantation du programme, on n'a connu qu'un seul suicide, survenu sept ans plus tard.

CONTRÔLE DE L'ACCÈS AUX MOYENS

De nombreux programmes de prévention portent sur le contrôle de l'accès aux moyens pour se tuer. Des recherches indiquent que la présence d'une arme à feu dans une maison multiplie par six le risque de suicide dans ce domicile. Il semble que le contrôle de l'accès aux armes à feu, en plus de diminuer les décès par suicide par cette méthode, peut avoir pour effet de diminuer le taux de suicide en général dans certaines régions. Récemment, en Angleterre, les lois limitant le nombre de comprimés par contenant et le nombre de contenants d'acétaminophène qu'on peut acheter ont eu pour effet de réduire significativement les décès par empoisonnement d'acétaminophène et les décès par suicide en général. Les recherches sur les barrières sur les ponts et autres endroits dangereux pour empêcher les suicides sauvent des vies et on constate très peu de déplacements à d'autres sites ou de substitution des moyens. Nous pouvons comprendre l'efficacité des programmes de prévention centrés sur la réduction de l'accès aux moyens pour se tuer par le fait que les suicides ont lieu dans une situation de crise où il y a une conjoncture de facteurs de risque suscité par un ou des événements déclencheurs et un manque d'aide à ce moment-là. Tout de suite après avoir subi une perte importante (la fin d'une relation amoureuse par exemple), quelqu'un souffrant déjà de dépression et qui présente des traits d'impulsivité peut penser sérieusement à se tuer et ces pensées peuvent se traduire en action plus facilement si la personne consomme des boissons alcoolisées ou des drogues. Dans une telle situation, l'accès facile à une arme à feu ou à une autre façon de se tuer facilite grandement le passage à l'acte. Cependant, s'il est difficile de trouver un moyen pour se tuer, ou si l'accès à un moyen préféré est bloqué, il y a de fortes chances pour que dans les jours suivants la situation, cette crise diminue en intensité et que la personne ait l'occasion de trouver de l'aide.

LA PRÉVENTION DU SUICIDE DANS UN MILIEU OÙ UN SUICIDE EST SURVENU

Lorsqu'un suicide survient dans un milieu de vie, par exemple, dans une usine ou dans une école, il y a un risque plus élevé qu'il y ait un autre suicide dans le même environnement. Le fait qu'un suicide semble provoquer un risque plus élevé que d'autres suicides se produisent dans le même milieu est ce qu'on appelle la « contagion ». Il est important, à la suite d'un suicide dans un lieu précis, d'accorder l'occasion aux personnes ayant connu la victime d'exprimer leur deuil, mais en même temps il est important de ne pas glorifier le suicide. Si, par exemple, dans une école, des cérémonies publiques ont lieu pour commémorer la personne décédée par suicide, où, par le fait même, on accorde beaucoup d'attention à cette personne décédée, cela pourrait être éventuellement vu comme une « glorification » de la mort par suicide. Le risque de contagion peut être imputable à ce que les personnes qui s'identifient à la victime et qui veulent jouir du même type d'attention dont a bénéficié la victime peuvent être à risque plus élevé de se tuer dans le but d'obtenir une commémoration semblable. À la suite d'un suicide, une approche qu'on privilégie est d'identifier les personnes les plus « vulnérables » dans le milieu et offrir de l'aide individuellement, si besoin est. Ces personnes vulnérables peuvent inclure les personnes les plus proches de la victime ou les personnes souffrant de dépression ou qui semblent « bouleversées » par l'événement.

La grande majorité des personnes qui ont l'intention de se tuer ne font pas de tentatives de suicide, changent d'avis et trouvent d'autres solutions à leurs problèmes. Il arrive souvent qu'elles reçoivent de l'aide d'intervenants professionnels ou de services bénévoles d'intervention de crise. En effet, la prévention du suicide fonctionne parce qu'il y a relativement peu de décès par suicide par rapport au grand nombre de personnes qui y pensent sérieusement. Les programmes de prévention du suicide sont cependant limités par la réticence à parler ouvertement des intentions suicidaires et à admettre l'existence de problèmes et le besoin d'aide. Les hommes hésitent plus que les femmes à demander et à utiliser les services d'aide, ce qui peut expliquer, au moins en partie, le plus haut taux de suicide des hommes dans la grande majorité des pays du monde. Si les valeurs d'une société changent et rendent la population plus susceptible de demander et d'utiliser de l'aide, il y aura moins de décès par suicide. À ce jour, on constate très peu d'efforts pour transformer ces valeurs. Mais pour avoir des stratégies de prévention efficaces, il faut faire plus que d'offrir les bons services, il faut motiver les personnes à s'en servir.

CHAPITRE 9

L'éthique du suicide et la question de l'euthanasie

ÉTHIQUE ET SUICIDE

POURQUOI nous intéressons-nous autant à la prévention du suicide ? Le suicide se réduit-il simplement au choix individuel de décider le moment et la façon de mourir ? Pourquoi montre-t-on tant d'intérêt à vouloir comprendre le suicide et à prévenir les comportements suicidaires ? En fait, le « droit au suicide » est un sujet dont les philosophes débattent depuis des millénaires ; de nombreux organismes en faveur de l'euthanasie, tels que la Hemlock Society et Exit, ainsi que certaines personnes souffrant de maladies mortelles ou chroniques revendiquent le droit au suicide et le libre accès aux moyens de s'enlever la vie.

La question d'un « droit au suicide » peut sembler une fausse question. En effet, malgré tous les efforts de prévention du décès par suicide, les personnes qui sont déterminées à mettre fin à leurs jours sont presque toujours capables de mettre leur projet à exécution, même dans les milieux supervisés tels que les hôpitaux psychiatriques. Nous avons plus tôt discuté des cas particuliers de personnes atteintes d'une maladie mortelle ou chronique ; ces cas semblent relativement rares par rapport au grand nombre de personnes qui meurent par suicide et qui sont généralement en bonne santé physique. Le désir de comprendre davantage le phénomène du suicide est sans doute en grande partie motivé par l'apparente contradiction qui existe entre le fait de se tuer et l'instinct primaire qu'ont toutes les espèces vivantes de survivre et de continuer de vivre malgré les circonstances. Les êtres humains constituent la seule espèce qui se tue intentionnellement. Certains animaux vont se mettre dans une situation de danger où ils vont mourir, mais il s'agit de situations où l'animal manifeste un comportement qui a pour conséquence accidentelle la mort, plutôt qu'une intention de ne plus vivre. Les baleines qui meurent sur les plages ne font que suivre automatiquement une autre baleine qui perd son sens de l'orientation ou encore elles commettent une erreur grave. Aucune indication ne nous laisse croire qu'elles décident de mourir. Le fait de souffrir tellement qu'on puisse en arriver à considérer la mort préférable à la vie peut sembler compréhensible. Toute personne ayant vécu une douleur physique intense ou qui a connu la perte d'un être aimé peut se rappeler avoir vécu une angoisse qu'on peut imaginer intolérable. Cependant, ce qui rend le phénomène du suicide plus complexe est le fait que les personnes qui meurent par suicide souffrent rarement d'une douleur physique intense et que leurs souffrances psychiques sont causées par des circonstances que la grande majorité des êtres humains réussissent à tolérer et à gérer sans s'engager dans des comportements suicidaires. Les pertes, telles que les peines d'amour ou le décès d'un être cher, très souvent les événements déclencheurs dans les cas de décès par suicide, sont également vécues par la majorité des êtres humains non suicidaires. Pour comprendre un décès par suicide, la douleur, la souffrance ou une expérience pénible ne sont donc pas des explications suffisantes pour justifier un décès, même si elles semblent jouer un rôle dans le processus suicidaire. La complexité du phénomène du suicide fait en sorte que, malgré de nombreuses recherches en suicidologie, nous ne sommes pas encore en mesure de dresser un portrait complet du phénomène et qu'il est encore très difficile de prévoir qui va se suicider.

Quand un risque de décès par suicide se présente, les pratiques et mesures d'intervention doivent être sous-tendues par des convictions par rapport au suicide et à l'euthanasie. On peut, au départ, croire qu'abréger la vie intentionnellement n'est jamais acceptable. Une telle conviction peut être justifiée par divers arguments, incluant ceux de saint Thomas d'Aquin et de saint Augustin qui affirment que se tuer est inacceptable selon le cinquième Commandement, puisque seul Dieu a le droit d'enlever et de donner la vie et que le suicide va à l'encontre du devoir des humains de s'aimer les uns les autres. Nous pouvons nous appuyer sur une conception de la responsabilité des individus envers la société (comme chez Aristote, entre autres). Nous pouvons rappeler les arguments d'Emmanuel Kant basés sur l'impératif catégorique. Malgré la justification de cette approche que l'on pourrait qualifier de « moraliste », celle-ci implique qu'il faut toujours intervenir pour sauver la vie des personnes suicidaires.

À l'autre extrême, les éthiques libertaires (par exemple, l'approche de Hume) mettent l'accent sur l'autodétermination et la possibilité d'abréger la vie intentionnellement si on le désire. Mais une personne qui croit fermement à la liberté de choisir sa mort intentionnellement n'interviendra pas pour sauver la vie d'une personne suicidaire, à moins de le faire à la demande expresse de l'individu.

Nous pensons que, en fait, les personnes qui partagent les principes moralistes ou libertaires que nous venons d'énoncer sont très rares. La grande majorité de la population peut être considérée comme « relativiste », c'est-à-dire que, pour elle, l'acceptabilité des mesures abrégeant la vie dépend soit du contexte, soit des conséquences. Par exemple, les contextualistes acceptent le suicide dans certaines situations. Le problème auquel ils sont confrontés est que les circonstances permettant de juger de l'acceptabilité du suicide ne font pas consensus. Prenons ce bref exemple : les critères le plus fréquemment évoqués pour fonder l'acceptabilité du suicide ou de l'euthanasie est que la décision doit être « rationnelle », et que l'individu doit souffrir énormément — on parle parfois de souffrance intolérable et interminable. Nous oublions cependant que presque toutes les décisions prises par les êtres humains *ne sont pas rationnelles*, mais relèvent plutôt du domaine de la subjectivité et de l'émotivité. On ne choisit pas rationnellement avec qui se marier, quelle carrière on poursuivra, si on veut avoir des enfants, etc. Comment peut-on exiger que la décision de mourir soit rationnelle, alors que d'autres décisions importantes de la vie reposent sur la subjectivité et l'émotivité ? Si on devait identifier des situations où l'on est plus rationnel que d'habitude, on ne penserait pas spontanément à celles où l'on souffre énormément ; il est évident que la souffrance émotionnelle ou physique affaiblit nos capacités de raisonnement rationnel.

Une autre approche éthique relativiste est celle des « conséquentialistes », c'est-à-dire ceux qui évaluent l'acceptabilité des actes par leurs conséquences réelles ou anticipées. Par exemple, certains centres d'écoute téléphonique retracent les appels et alertent les services d'urgence si une personne est en danger, même si l'appelant ne le veut pas.

Ils justifient ces interventions en affirmant que la majorité des personnes sauvées les remercient par la suite.

Quelle que soit l'approche philosophique retenue, on peut justifier un grand éventail de mesures en prévention du suicide. Même les personnes adoptant une approche plutôt libertaire doivent admettre que la liberté de choisir la mort n'est pas plus importante que la liberté de trouver des solutions à nos problèmes et de choisir de continuer à vivre. Pour cette raison, un adhérant à l'approche libertaire peut aisément accepter la mise en place de ressources d'aide pour les personnes suicidaires, pourvu que les utilisateurs de ces ressources soient libres d'accepter ou non l'aide offerte et de pouvoir cesser l'utilisation des services à leur gré.

L'une des raisons pour lesquelles nous disposons de moins de données empiriques pour démontrer que certaines mesures préventives et certains types d'intervention sont plus efficaces relève des problèmes d'éthique qui se présentent en recherche sur le suicide : les devis de recherche qui peuvent fournir les meilleures preuves de l'utilité de certaines interventions comprennent l'assignation aléatoire des participants à un groupe d'intervention et à un groupe témoin sans traitement. Pour des raisons d'éthique, ce genre de protocole de recherche est rarement utilisé en suicidologie. Il n'est pas considéré acceptable de traiter certaines personnes à risque suicidaire et de simplement observer un groupe témoin sans procurer de traitement aux personnes à risque afin de constater s'il y aura plus de décès dans ce groupe que dans le groupe où il y a une intervention. Par crainte de mettre les personnes suicidaires dans une situation à risque, toute personne suicidaire est automatiquement exclue des essais de nouveaux médicaments psychotropes. Cela a pour résultat que les médicaments utilisés pour traiter les troubles mentaux, par exemple, la dépression, ne sont pas testés par les personnes suicidaires. Cependant, ce sont ces médicaments qui sont utilisés pour prévenir le suicide des personnes dépressives. Actuellement, les gouvernements du Canada, des États-Unis et du Royaume-Uni ont émis des directives interdisant la prescription d'un grand nombre de médicaments pour le traitement de la dépression des jeunes parce qu'il semble que ces médicaments augmentent le risque suicidaire chez nombre d'entre eux. Maintenant, plutôt que de comparer un groupe expérimental à un groupe sans traitement, les chercheurs en suicidologie comparent les traitements « traditionnels » aux nouvelles pratiques.

Tout cela est compliqué davantage par le fait que les attitudes et valeurs d'une société changent continuellement, parfois pour le mieux et parfois pour le pire. Par exemple, la génération actuelle des aînés utilise peu les services d'intervention téléphonique en prévention du suicide et ont des préjugés négatifs concernant la consultation d'un psychiatre ou d'un psychologue. Cette génération a vécu des expériences qui lui ont laissé croire que seulement des « fous » consultent les « psy » ; elle n'est pas habituée à confier ses problèmes personnels à un étranger anonyme au téléphone. Cependant, la prochaine génération des aînés (la génération des *baby-boomers*) est habituée à utiliser les services psychiatriques et psychologiques et a plus tendance à faire appel à toutes sortes de services d'aide téléphonique.

Nous pouvons nous demander de quelle façon les stress qui augmentent le risque suicidaire vont croître dans une société donnée et jusqu'à quel point les ressources et la propension à demander de l'aide vont croître en contrepartie. Par exemple, la génération actuelle d'hommes d'âge mûr, qui est le plus à risque de mourir par suicide, appelle moins souvent que les femmes aux ressources d'aide et consulte moins souvent des professionnels de la santé et de la santé mentale pour régler leurs problèmes. On peut se demander si, à l'avenir, les hommes vont arrêter d'avoir autant de comportements *machos*, s'ils vont cesser de se débrouiller tout seuls sans demander d'aide, et si la prochaine génération d'hommes sera moins à risque grâce à l'augmentation de l'utilisation des services d'aide. On peut se demander également si les femmes vont, dans l'avenir, continuer à utiliser davantage les ressources d'aide pour discuter de leurs problèmes ou si elles vont vivre plus de stress à cause de leur implication accrue dans des rôles stressants pouvant augmenter le risque suicidaire.

SUICIDE, EUTHANASIE ET SUICIDE ASSISTÉ

Est-ce que l'euthanasie a sa place dans un livre portant sur le suicide ? Nous avons vu au chapitre 2 que l'euthanasie est un phénomène différent des comportements suicidaires ; il ne s'agit pas d'un comportement autodestructeur mais plutôt d'un acte fait par une autre personne qui tue quelqu'un pour abréger ses souffrances. Cependant, même si l'euthanasie et le suicide sont différents en pratique, nous pouvons nous poser la question suivante : est-ce que les circonstances qui mènent à la décision d'abréger la vie par suicide sont comparables aux circonstances qui mènent au désir de mourir plus tôt par euthanasie ? Généralement, les personnes qui meurent par euthanasie souffrent d'une maladie en phase terminale ou d'une maladie dégénérative. Une dépression clinique liée à la maladie ou aux effets secondaires des traitements à une maladie ou aux réactions psychologiques à la maladie est le facteur principal qui contribue à l'augmentation du risque suicidaire. Dans le cas de l'euthanasie, on suppose souvent que la décision est

« rationnelle » et qu'il s'agit d'un choix légitime pour abréger la souffrance qui est intolérable et incontournable.

Avant d'essayer de répondre à ces questions, il faut prendre conscience du fait qu'il existe divers types d'euthanasie, certains pouvant être liés aux comportements suicidaires, mais d'autres qui par leur nature ne peuvent avoir aucun lien avec les circonstances d'un suicide. L'euthanasie peut être considérée comme volontaire lorsque l'acte est fait avec l'assentiment d'un individu compétent dans le sens légal, c'est-à-dire qui est jugé sain et apte à prendre des décisions et qui a clairement exprimé le désir que sa vie soit abrégée par euthanasie, soit par une demande personnelle ou par une directive écrite préparée d'avance dans laquelle il indique comment il souhaite que l'euthanasie soit pratiquée. Une personne est considérée compétente si elle est capable de comprendre la nature et les conséquences des décisions à prendre et qu'elle est capable de communiquer ses décisions. L'euthanasie volontaire pourrait donc se dérouler ainsi : un médecin donne une injection létale à un patient compétent qui souffre, le médecin agissant de cette façon à la demande expresse du patient.

L'euthanasie est considérée comme étant non volontaire lorsqu'elle est pratiquée sans que le patient soit au courant de l'acte qu'il subira bientôt. Cette ignorance peut être attribuable au fait qu'il n'est pas considéré comme « compétent » au moment de l'euthanasie, et il se peut qu'il n'ait jamais exprimé le vœu, lorsqu'il était compétent, de mourir de cette façon. La personne est considérée non-compétente si elle n'est pas capable de comprendre la nature et les conséquences d'une décision à prendre ou, si elle n'est pas capable de communiquer ses décisions. Dans le cas d'euthanasie non volontaire, on ne connaît pas les désirs du patient. Par exemple, lorsqu'un médecin donne une injection létale à un vieillard qui souffre énormément dans un état avancé de maladie terminale, il s'agit d'euthanasie non volontaire, parce que le médecin n'a reçu aucun message lui indiquant les souhaits du patient s'il était dans une telle situation. Un autre exemple d'euthanasie non volontaire est lorsqu'un parent tue par inhalation de monoxyde de carbone un enfant qui est né gravement handicapé et qui n'a jamais appris à communiquer ses désirs.

L'euthanasie involontaire est pratiquée contre la volonté d'un individu qui est compétent ou d'un individu non-compétent qui a exprimé auparavant, verbalement ou par écrit, qu'il ne désirait pas d'euthanasie dans une telle circonstance. Un exemple d'euthanasie involontaire serait la situation où un fils donne une injection létale de médicaments à son père souffrant du cancer, bien que le père ne veuille pas qu'il le fasse. Un autre exemple d'euthanasie involontaire est lorsque le médecin, malgré l'expression au préalable du patient à l'effet qu'il ne voudrait pas que des actions soit entreprises pour accélérer sa mort, donne quand même une injection létale à un patient inconscient, arrivé au stade terminal d'une maladie.

Il arrive parfois que les mots « meurtre par pitié » ou « meurtre par compassion » soient utilisés pour décrire les cas d'euthanasie non volontaire et involontaire. Pour rendre la situation plus complexe, il existe en Amérique du Nord énormément de confusion quant aux termes « euthanasie », « homicide », « suicide » et « suicide assisté ». Un sondage effectué au Québec en 2003 par Isabelle Marcoux a montré que, souvent, les personnes qui sont en faveur de la légalisation de « l'euthanasie » croient que légaliser l'euthanasie signifie permettre de refuser et d'arrêter les traitements pour prolonger la vie ; les deux pratiques étant déjà légales au Canada. De plus, le terme « suicide assisté » est souvent utilisé pour décrire les actes qui sont habituellement définis comme étant l'euthanasie ou le meurtre par compassion.

Le suicide assisté est habituellement identifié comme une mort auto-infligée, c'est-à-dire un suicide, mais qu'une autre personne aiderait à mener à bien et ce, soit en fournissant les moyens pour que la personne puisse se tuer, soit en donnant de l'information sur les différentes façons de mettre fin à sa vie, soit les deux. Par exemple, il y a suicide assisté lorsqu'un médecin prescrit une dose létale de médicaments, ce qui est actuellement permis dans certains cas de souffrances auxquelles on ne peut pas remédier, comme c'est le cas en Orégon, aux États-Unis. Généralement, si la personne elle-même se tue à l'aide de moyens obtenus par une autre personne ou sur les conseils de celle-ci, il s'agit d'un suicide assisté. Cependant, si une autre personne est directement impliquée dans le processus menant à la mort, par exemple, en donnant une injection ou en débranchant une machine qui maintient la personne en vie, il ne s'agit pas d'un suicide assisté, mais plutôt d'un cas d'euthanasie.

Afin de comprendre davantage les similitudes et les différences existant entre euthanasie et suicide, nous devrons nous limiter aux cas d'euthanasie volontaire où il y a décision consciente d'une personne voulant abréger sa vie. Nous pouvons nous demander si, dans le cas de l'euthanasie volontaire, la décision est plus rationnelle qu'elle ne l'est dans le cas du suicide, si les personnes qui choisissent l'euthanasie souffrent plus ou moins souvent de troubles mentaux et si les mêmes interventions effectuées pour prévenir un suicide pourraient s'avérer aussi efficaces dans le cas de l'euthanasie. Plusieurs arguments en faveur de l'euthanasie sont basés sur l'idée de ce qui constitue une « belle mort », sur les droits des individus de choisir leur façon de mourir et sur le droit de maintenir sa dignité et d'éviter la souffrance si on le désire. Les personnes qui sont contre la légalisation de l'euthanasie basent souvent leur décision soit sur une croyance religieuse ou morale soutenant le caractère sacré de la vie humaine, soit sur la crainte que si on accepte de tuer certaines personnes dans certaines situations, les personnes démunies et handicapées peuvent être tuées sans leur approbation; il y a également le risque que les malades soient euthanasiés alors que l'on aurait pu diminuer leur souffrance en contrôlant leur douleur ou en traitant leur trouble mental.

Aux Pays-Bas et en Belgique, par exemple, l'euthanasie est légale et acceptée. Cependant, la pratique de l'euthanasie est limitée aux situations complètement volontaires où la personne a une souffrance intolérable qui ne peut pas être diminuée et où les autres traitements ont déjà été utilisés sans succès. En fait, aux Pays-Bas, les deux tiers des demandes d'euthanasie sont refusées parce que d'autres traitements pour diminuer la souffrance de la personne existent, traitements qui doivent être administrés avant de penser à arrêter la souffrance par la mort.

Il est difficile de croire que les décisions prises par des malades souffrants et en phase terminale soient plus rationnelles que les décisions prises par des personnes en bonne santé qui sont généralement très émotionnelles. De plus, souffrir d'une maladie mortelle est souvent anxiogène et l'angoisse peut dérégler nos capacités de raisonnement. Il existe aussi une différence importante entre la liberté de changer d'avis des personnes qui meurent par suicide et celle des personnes qui meurent par euthanasie. Dans le cas du suicide, la personne peut toujours changer d'avis et ne pas se tuer. En effet, très souvent, les personnes « prêtes » à se tuer appellent les centres de prévention du suicide et changent d'avis à la suite d'une intervention téléphonique.

Même les personnes qui amorcent une tentative de suicide arrêtent souvent en cours de route ou appellent un organisme d'urgence pour que leur vie soit sauvée. Pour chaque décès par suicide, on dénombre plus d'une centaine de tentatives de suicide. Il y a autant de tentatives parce que même les personnes qui sont désespérées au point de déclencher une tentative de suicide changent habituellement d'avis et ne continuent pas leur tentative jusqu'au bout. Cependant, dans le cas de l'euthanasie, la liberté d'une personne de changer d'avis à la dernière minute peut être compromise par la présence d'une autre personne convaincue que l'euthanasie est la bonne chose à faire. Après avoir pris des semaines pour faire des démarches afin de convaincre le médecin que la personne a le droit à une mort par euthanasie, il est possible qu'il ne soit pas si facile de changer d'avis à la dernière minute et de demander au médecin de « revenir un autre jour » parce que le patient hésite. Le fait de créer une situation où une autre personne est impliquée dans le processus peut créer le risque que, à cause de la pression sociale liée à cette situation et la peur de ne plus pouvoir avoir accès à l'euthanasie dans l'avenir si désiré, la liberté de changer d'avis, qui est si souvent exprimée dans le cas des suicides, ne soit pas aussi facile à exprimer dans le cas de l'euthanasie.

CHAPITRE 10

Perdre un proche par suicide

LA MORT D'UN PROCHE est toujours suivie d'une période de deuil. Dans le cas d'un décès par suicide, la perte cause des séquelles qui durent plus longtemps et les symptômes de deuil sont généralement plus intenses, notamment les sentiments de culpabilité, la honte, la recherche d'une compréhension de l'événement, et, parfois, la colère.

LES PROCESSUS DU DEUIL

Il est important de noter que toute perte déclenche un processus de deuil au cours duquel les personnes endeuillées vivent souvent une période très difficile. Un deuil « normal » dans la société occidentale est souvent accompagné d'un moment de choc, de douleur intense, de désespoir, de déni du décès de la personne, de dépression, d'angoisse, d'impuissance, de culpabilité, de honte et de colère. Il est normal de ressentir ces sentiments dans le cas d'une mort « naturelle ».

La majorité des gens, à la suite du décès d'un être cher, ressentent ces sentiments, et présentent souvent des symptômes tels que l'insomnie, le manque d'appétit, la dépression, l'angoisse et la difficulté à se concentrer. Certains chercheurs tels Bowlby et Parks, prétendent qu'il existe une série d'étapes dans un processus de deuil qui s'amorce généralement par une période de déni, où l'on observe relativement peu de symptômes et où la personne endeuillée ne semble pas accepter la disparition de la personne décédée. Une deuxième étape, selon ces auteurs, comporte une période d'expression intense de chagrin et de douleur. Éventuellement, la personne endeuillée est censée accepter la réalité de la perte et rétablir son identité indépendamment du lien avec la personne décédée. À cette étape d'acceptation, la personne endeuillée est en mesure de penser à l'individu décédé sans vivre de l'angoisse ou de la douleur intense. Malgré la logique de cette série d'étapes du deuil et son utilité pour comprendre certaines trajectoires à la suite d'un décès, les chercheurs considèrent que le processus de deuil ne suit généralement pas une série logique d'étapes et que tous les symptômes de deuil peuvent être présents à n'importe quel moment, tout comme il est vrai que certaines personnes ne présenteront que quelques-uns de ces symptômes. Les individus diffèrent énormément sur le plan de l'ordre, de la durée, de la nature et de l'intensité de leurs réactions.

Les symptômes ressentis par les personnes endeuillées ainsi que leur façon d'exprimer ces symptômes sont étroitement liés à l'appartenance culturelle. Par exemple, au Canada, on a tendance à réprimer l'expression de la douleur profonde dans la mesure du possible et d'étouffer l'expression de l'angoisse intense en public. Plus de la moitié des personnes endeuillées prennent des médicaments pour « se calmer». La personne endeuillée est souvent encouragée à reprendre sa vie active «habituelle» aussitôt que possible après la perte.

On peut comparer ces pratiques aux traditions grecques et celles d'autres pays méditerranéens, par exemple, où l'expression spontanée de la douleur intense est acceptée et où le contrôle de l'expression de ses émotions risque d'être considéré comme un manque de respect à l'égard du défunt. Dans certaines cultures, le port de vêtements noirs et la période de deuil intense doivent durer au moins un an après la mort; la personne endeuillée qui ferait semblant que la vie normale continue après la perte serait mal considérée.

LE DEUIL APRÈS UN SUICIDE

Dans le cas d'un décès par suicide, la mort n'est généralement pas anticipée, et donc les personnes endeuillées subissent une perte soudaine et généralement inattendue. Les personnes endeuillées par suicide n'ont pas eu la possibilité de se préparer émotivement à cette perte comme dans le cas du décès de quelqu'un qui est malade depuis longtemps ou la mort de quelqu'un de très âgé dont on sait que la mort approche. De plus, quand une personne cause intentionnellement sa mort, celle-ci est souvent perçue comme un rejet ou l'expression d'une volonté de faire du mal aux personnes qui l'aiment. Puisque le suicide est fortement connoté négativement dans notre société, les personnes endeuillées par suicide sont privées de la chance de discuter des événements ayant mené au décès, contrairement à celles qui ont vécu un décès par maladie ou accident. L'expression des émotions intenses, par exemple pleurer ou exprimer jusqu'à quel point la personne décédée nous manque, peut s'avérer plus difficile dans le cas d'un décès par suicide à cause des sentiments de honte vécus par les membres de l'entourage. Dans le cas d'un décès « naturel », les sentiments de culpabilité sont déjà souvent présents. Même les individus qui se sont occupés du mourant adéquatement et qui ont été très présents, ressentent de la culpabilité après la mort. La personne endeuillée pense qu'elle aurait pu faire plus, exprimer plus souvent son amour pour le défunt, avoir été plus gentille avec lui, etc. Ce sentiment de culpabilité est encore plus exacerbé lors d'un décès par suicide. Il est normal de penser qu'« on aurait pu le prévenir, dû voir venir... », malgré la réalité de la situation. Même si on avait pu faire plus dans n'importe quelle situation, il n'en demeure pas moins qu'une personne qui décide de se tuer pourra toujours le faire, malgré les interventions les plus énergiques des membres de son entourage. Puisque le raisonnement logique et la capacité de cerner la réalité sont affectés par l'état de crise dans lequel se retrouve la personne suicidaire, ainsi que par les problèmes de santé mentale, les efforts de l'entourage peuvent être mal interprétés ou même ne pas être perçus par une personne prête à se tuer.

Il est important que la personne endeuillée par suicide comprenne que ce n'est pas de « sa faute » si le proche s'est enlevé la vie. Il arrive souvent que la personne endeuillée cherche à comprendre les causes du suicide. La compréhension peut contribuer à diminuer le sentiment de culpabilité de la personne endeuillée. Cette recherche d'explication va se buter au problème fondamental dont nous avons parlé dans les chapitres précédents : le suicide est le résultat de la combinaison de plusieurs facteurs et il n'existe pas de cause unique d'un décès par suicide. Ces nombreux facteurs de risque combinés à l'accès aux moyens d'un passage à l'acte ainsi qu'à un manque d'utilisation des ressources d'aide aux moments de vulnérabilité précipitent les événements et provoquent le suicide. Puisque les membres de l'entourage sont souvent impliqués dans les événements entourant le décès par suicide, les sentiments de culpabilité peuvent être exagérés. Par exemple, une dispute avec la personne décédée par suicide quelques heures avant sa mort peut être perçue comme la « cause » du décès. Il est important de comprendre qu'un seul événement, malgré son apparente importance et son intensité, ne peut pas à lui seul causer la mort par suicide. La personne suicidaire doit déjà être vulnérable et souvent dans un état où ses capacités à gérer les difficultés et à trouver des solutions sont altérées par ses états d'âme et ses problèmes de santé mentale. De plus, il arrive souvent que la consommation de boissons alcoolisées et de drogues compromettent davantage les capacités d'une personne suicidaire à envisager d'autres possibilités pour résoudre ses problèmes.

Dans certaines circonstances, c'est effectivement un membre de l'entourage qui provoque l'événement déclencheur, par exemple, une femme mettant son mari à la porte ; celui-ci devra accepter sa part de responsabilité. Par ailleurs, certaines personnes ont de la difficulté à accepter de ne pas être responsables puisque cela impliquerait qu'elles n'avaient aucun pouvoir sur le décédé.

Certains se sentent soulagés après le décès ; dans ces cas, soit il n'y aura pas de deuil véritable, soit il y aura un sentiment de culpabilité par rapport au fait de se sentir soulagé plutôt que triste. La colère est souvent ressentie dans le cas d'une perte, quelle que soit la cause du décès. Même lorsque quelqu'un meurt de maladie physique à un âge avancé, une personne endeuillée peut ressentir de la colère contre elle parce qu'elle l'a « quittée » ou contre les médecins qui n'ont pas réussi à sauver sa vie. Dans le cas d'un décès par suicide, ce sentiment est souvent ressenti et souvent de façon très intense. Cependant, il demeure difficile à admettre et à exprimer dans notre société. On considère généralement que la personne endeuillée doit être triste et non en colère. Dans le cas d'un décès par suicide, par contre, on a plus de raisons d'être en colère et de se sentir abandonné et rejeté. La personne décédée nous a quitté intentionnellement et nos projets d'avenir doivent être écartés à cause de sa mort. La colère peut non seulement être dirigée contre la personne décédée par suicide, mais aussi contre les intervenants, les professionnels qui ont suivi la personne avant sa mort, contre le système de soins, contre la religion ou contre Dieu qui a permis le suicide. Il arrive parfois que la colère soit dirigée contre soi-même et soit liée au sentiment de culpabilité d'« avoir permis » à la personne de se suicider ou d'avoir ignorer les signes du risque suicidaire, ou encore de ne pas avoir accordé plus d'attention à quelqu'un qui rendait la vie très difficile à son entourage.

Parfois, les membres d'une famille ont tellement honte ou se sentent tellement coupables qu'ils n'osent pas ou refusent de discuter du décès entre eux. Sans en parler ouvertement, un genre de pacte de silence peut s'établir entre eux. Dans certaines familles, on blâme un membre en particulier pour le décès et il devient un genre de bouc émissaire à qui l'on reproche ses faits et gestes en regard de la personne suicidaire.

DEUIL NORMAL ET DEUIL PROBLÉMATIQUE

Il est normal de vivre intensément la tristesse, la culpabilité, la honte, la colère et l'angoisse décrites dans la section précédente, mais il ne faut pas que cette intensité affecte la capacité de réflexion et la faculté de reprendre éventuellement les activités quotidiennes d'une vie normale. Il est habituel que ces sentiments accompagnent les personnes en deuil, même de nombreuses années après un décès par suicide. Cependant, malgré le fait que les personnes endeuillées par suicide pensent souvent dans les premiers mois après la mort qu'elles n'arriveront jamais à vivre sans angoisse, sans une profonde tristesse ou sans culpabilité, avec le temps elles pourront vivre ces sentiments moins intensément, comprendre davantage ce qui s'est passé, être en mesure de penser à la personne décédée par suicide sans être paralysées par l'intensité de leurs sentiments.

Il n'existe pas de critères exacts nous permettant d'identifier ce qui constitue des symptômes de deuil « normaux » et ce qui rend ceux-ci trop intenses ou pathologiques. Cependant, si les symptômes empêchent de façon permanente la personne de vivre une vie quotidienne sans être préoccupée par l'événement, ou si le sentiment de tristesse normal causé par le deuil se transforme en dépression clinique qui dure plusieurs mois tout en affectant le comportement et la vie quotidienne de la personne endeuillée, il faut lui procurer de l'aide.

L'AIDE AUX PERSONNES ENDEUILLÉES PAR SUICIDE

Dans le cas d'un décès par suicide, le processus de diminution des symptômes du deuil peut être long. De nombreuses personnes endeuillées par le suicide ne cherchent pas d'aide pour diminuer leur souffrance à cause de leur sentiment de honte et de culpabilité, et aussi parce qu'elle croient, comme on le fait couramment, que leur souffrance est tellement unique que personne n'est en mesure de les aider ni de les comprendre. Pour cette raison, l'intervention la plus répandue pour aider les personnes endeuillées par suicide consiste en des groupes d'endeuillés, offerts par les centres de prévention du suicide et les centres d'écoute, spécifiquement pour les « survivants » membres de l'entourage des personnes décédées par suicide. Ces rencontres de groupe sont souvent animées par des gens qui ont vécu la perte d'un proche par suicide et qui ont réussi à diminuer leurs souffrances et à continuer leur vie malgré la perte. Ces groupes sont parfois animés ou coanimés par des professionnels, et peuvent comporter un nombre limité de séances ou avoir une durée indéterminée. Ils offrent l'avantage de pouvoir partager ses sentiments avec d'autres personnes qui ont aussi vécu l'expérience de perdre un proche par suicide, et ainsi de développer un sentiment d'être compris et appuyé par les autres participants. Le fait que les participants ou les animateurs, malgré leurs expériences intenses, ont quand même été capables de continuer leur vie avec des symptômes moins intenses et une meilleure compréhension permet aux participants d'envisager l'espoir de pouvoir un jour ne plus souffrir autant.

Les services d'écoute et d'intervention téléphonique en prévention du suicide reçoivent souvent des appels de personnes endeuillées par suicide. Ces services sont disponibles 24 heures par jour, 7 jours par semaine, et offrent une occasion aux endeuillés de discuter en toute confidentialité de leurs réactions avec un intervenant qui connaît très bien la problématique du suicide. Ces contacts téléphoniques offrent l'occasion d'obtenir un appui émotionnel ainsi que de l'information concrète sur les sources d'aide disponibles. Les thérapeutes et professionnels de la santé mentale offrent du counseling pour les personnes endeuillées par suicide et certains se spécialisent dans la thérapie de deuil, individuelle ou en petit groupe. Les médecins de famille et psychiatres peuvent prescrire des médicaments pour diminuer l'intensité des symptômes d'angoisse et de dépression et aider à alléger les difficultés de sommeil et de concentration liées au processus de deuil.

LES ENFANTS ENDEUILLÉS PAR SUICIDE

Les jeunes enfants qui ne comprennent pas encore le fait que la mort est permanente et irréversible peuvent quand même ressentir de la tristesse, de la colère, de la culpabilité et un grand sentiment de perte à l'égard de la personne décédée par suicide. Cependant, selon les recherches, les enfants de 6 à 7 ans croient généralement que la mort est finale et irréversible et peuvent vivre les mêmes symptômes et sentiments de deuil que nous venons de décrire chez les adultes. Par ailleurs, les enfants expriment souvent leurs sentiments de deuil par des comportements différents de ceux des adultes. Ils peuvent se mettre à éprouver des peurs et des angoisses qui semblent disproportionnées, à avoir des comportements de régression où ils agissent comme des bébés dans certaines situations ou encore ils peuvent exprimer leurs souffrances par de l'agressivité et par de la délinquance. Dans certains cas, lorsqu'un parent meurt par suicide, les enfants se comportent de façon adulte, trop mûre pour leur âge, dans le but de remplacer leur parent perdu. Il est très important de comprendre que même les comportements « problématiques » comme l'agressivité ou le manque de respect envers l'autorité peuvent être des façons d'exprimer l'angoisse intense que les enfants vivent à la suite d'un décès par suicide.

Il arrive souvent que les adultes essaient de cacher aux enfants le fait qu'une mort a été causée par un suicide et que, dans certaines situations, ils cachent même le fait que la personne soit décédée (par exemple, en disant qu'un parent est parti en voyage). Les expériences cliniques indiquent qu'il faut toujours dire la vérité, même aux enfants en bas âge. Lorsque les enfants n'apprennent pas la vérité des adultes, et même lorsque les enfants savent la vérité mais reçoivent des messages implicites selon lesquels il ne faut pas l'admettre, ceux-ci ont tendance à développer de nombreux problèmes qui peuvent durer toute leur vie. Les enfants construisent leur propre compréhension de ce qui s'est passé ; elle peut inclure des conceptions irréalistes, y compris des sentiments de responsabilité personnelle pour la mort ainsi que des sentiments d'intense culpabilité. À l'adolescence ou à l'âge adulte, lorsqu'un enfant découvre la vérité, les sentiments de colère et de déception peuvent s'avérer désastreux. Il est important qu'un des parents explique ce qui s'est passé et dise clairement à l'enfant qu'il est naturel de se sentir coupable, d'avoir honte, d'être en colère ou d'être profondément triste. Mais il faut également lui dire que ce n'est pas sa faute. Si le comportement de l'enfant change beaucoup, si, par exemple, l'enfant a toujours l'air déprimé ou s'isole beaucoup ou devient agressif, et que ces changements durent longtemps, il faut demander de l'aide à un thérapeute spécialiste des interventions auprès des enfants.

CHAPITRE 11

Conclusions

PERSPECTIVES MULTIDISCIPLINAIRES EN RECHERCHE ET EN PRÉVENTION

Le suicide est un acte conscient posé par une personne qui préfère mourir plutôt que de continuer à vivre des souffrances qu'elle juge intolérables et interminables. C'est une cause de décès rare, s'étendant à moins de 2 % de la population, mais qui a reçu moins d'attention que les autres causes importantes de décès. Jusqu'à récemment, les efforts faits pour comprendre le phénomène ont été plutôt dispersés. De nombreuses équipes cependant ont commencé à travailler sur ce problème et les connaissances devraient progresser rapidement au cours des années à venir.

Les chercheurs qui s'intéressent à la problématique du suicide souffrent parfois de myopie professionnelle. Le chercheur en génétique aura tendance à considérer le rôle que l'hérédité peut jouer dans les comportements suicidaires; l'anthropologue mettra plutôt l'accent sur les caractéristiques culturelles, le sociologue orientera ses recherches sur certains facteurs macrosociaux, par exemple, les taux de chômage ou l'intégration dans la société ; un psychologue pourra enfin mettre l'accent sur les mécanismes d'adaptation auxquels les individus ont recours pour faire face aux situations stressantes alors qu'un psychiatre pourra étudier le rôle de la maladie mentale dans l'étiologie des comportements suicidaires. Nous pourrions ajouter à cette liste les chercheurs en sciences religieuses ou en philosophie qui peuvent aborder les thèmes du sens de la vie ou de l'acceptabilité de la souffrance, ainsi que les artistes et écrivains qui, par le biais de la transposition artistique, peuvent explorer la thématique ou le symbolisme du suicide. Ainsi, le suicide est un phénomène aux multiples facettes que la psychiatrie, la psychologie, la sociologie ou quelque autre approche ne peuvent analyser entièrement. Les psychiatres s'y intéressent parce que les gens qui se suicident fréquentent souvent les hôpitaux, mais le suicide n'est pas en soi un problème essentiellement médical, sauf dans de rares cas où un patient est emporté par son délire. Le suicide est une conduite réfléchie, même si l'acte peut être commis de façon plus ou moins lucide, étant donné l'état d'angoisse ou le recours à des substances psychoactives. On peut également conclure que le suicide est lié à des souffrances extrêmes qui relèvent autant de l'état de santé mentale que de drames récemment vécus. Enfin, la résilience de l'individu et son milieu social sont autant de facteurs de protection.

Il est donc évident que la compréhension du suicide requiert l'implication et la collaboration de plusieurs sources d'expertise. Chacune des différentes approches peut non seulement permettre une meilleure compréhension du suicide, mais aussi suggérer des pistes de prévention efficace. Par contre, la complexité du phénomène du suicide permet aussi d'envisager de multiples points d'ancrage pour effectuer la prévention. Aucune stratégie de prévention en elle-même n'est suffisante pour enrayer le suicide. Cependant, la convergence de nombreuses approches complémentaires serait plus en mesure de réduire le taux de suicide et de sauver un nombre important de vies. Il est facile d'envisager que le fait de diminuer les problèmes psychosociaux qui causent du stress ferait diminuer le risque de suicide, qu'un meilleur traitement des troubles mentaux aurait des résultats bénéfiques, que l'amélioration des stratégies d'adaptation pourrait éliminer le suicide comme choix de stratégie de résolution des problèmes, que l'amélioration du suivi auprès des individus ayant fait des tentatives de suicide diminuerait le risque de récidive et enfin qu'un meilleur contrôle de l'accès aux divers moyens de s'enlever la vie rendrait le milieu plus sécuritaire et sauverait un certain nombre de vies. Puisqu'un grand nombre de mesures peuvent avoir des effets significatifs en prévention du suicide, les stratégies nationales de prévention adoptées par de nombreux pays misent sur une série d'actions complémentaires impliquant une concertation entre chercheurs et intervenants en provenance de différentes disciplines, y compris les organismes non professionnels et bénévoles. La mobilisation de l'ensemble des personnes intéressées à la problématique du suicide semble être la seule façon d'avoir des effets importants sur la diminution du suicide dans une société ainsi que des effets durables.

Bien que le sujet du suicide soit désormais abordé de façon ouverte dans le monde entier, il constitue toujours un sujet tabou pour de nombreux citoyens. Contrairement à d'autres causes importantes de décès dans la société contemporaine, les personnes suicidaires et les membres de leur entourage se manifestent rarement pour revendiquer de meilleurs soins et des actions préventives. Après une tentative de suicide ou une crise suicidaire, les personnes qui s'en sortent veulent rarement s'impliquer dans des actions pour revendiquer des investissements accrus en prévention du suicide. Elles veulent simplement continuer leur vie, sans devoir admettre en public qu'elles ont déjà été suicidaires. De nombreuses compagnies ont peur de commanditer la prévention du suicide, craignant d'associer leur image de marque ou leur produit au mot «suicide», puisque cela pourrait avoir un impact négatif sur leurs revenus. Par exemple, une compagnie multinationale importante, après le décès par suicide d'un haut dirigeant, a fait un don à un organisme de prévention du suicide, mais seulement sous réserve que l'organisme ne divulguerait jamais la source du don. L'organisme a dû signer une entente par laquelle il s'engageait à rembourser toutes les sommes d'argent reçues, en plus des dommages et intérêts, si le nom du donateur en viendrait à être connu.

Comme nous l'avons vu, la grande majorité des individus vivant des situations difficiles et présentant des facteurs liés au risque suicidaire ne se tuent jamais. Pour chaque personne qui meurt par suicide, plus d'une centaine d'individus font des tentatives et des milliers de personnes pensent sérieusement à se suicider. La grande majorité des personnes suicidaires trouvent d'autres solutions à leurs problèmes malgré les facteurs de risque liés à leur situation. Les personnes qui meurent par suicide sont de rares cas où l'on retrouve la triste conjoncture de facteurs de risque, d'événements «déclencheurs» et de disponibilité des moyens, conjoncture qui n'est pas contrebalancée par un appui psychosocial et par des ressources d'aide suffisantes. La majorité des recherches en suicidologie étudient cette minorité de personnes qui meurent par suicide ; il y a moins de recherche sur les personnes qui font des tentatives, et encore moins de recherches sur les personnes fortement suicidaires qui ne se suicident pas, c'est-à-dire celles qui résolvent leurs problèmes sans avoir recours au comportement suicidaire. Le défi pour les chercheurs dans l'avenir est donc de comprendre davantage pourquoi les individus à haut risque de suicide (ceux qui constituent la majorité des cas) ne se suicident pas, plutôt que de se concentrer uniquement sur les rares situations qui aboutissent à un décès par suicide. Peut-être une meilleure compréhension de ce qui maintient en vie les personnes à risque suicidaire pourrait nous suggérer de nouvelles pistes pour l'organisation des mesures de prévention et d'intervention.

RESPONSABILITÉ COLLECTIVE

Le suicide est un problème de santé publique mais la responsabilité collective dépasse de loin ce cadre de surveillance et d'intervention. Ainsi, rappelons que la sécurité routière dépend en partie de ce que la population considère comme une conduite dangereuse et des gestes que chacun est prêt à faire pour contrôler les automobilistes en état d'ébriété ou trop épuisés pour prendre le volant de façon sécuritaire. De même, la prévention des vols et de la criminalité dans un quartier est liée à l'attention que les citoyens prêtent à cette activité en y participant grâce à la surveillance des comportements suspects dans leur voisinage. Il en va de même pour une action concertée qui a comme objectif de mettre en échec le suicide.

En premier lieu, il est évident que le suicide est, dans la plupart des cas, le résultat d'une grande souffrance morale. En conséquence, la personne éprouvant une telle souffrance a droit à une intervention urgente et efficace pour soulager sa douleur. Si, par exemple, un blessé est étendu sur le bord de la route, baignant dans son sang, tout passant a une obligation légale de lui venir en aide. Lorsque les services ambulanciers transporteront ce blessé à l'hôpital, il recevra des soins immédiatement puisque sa vie peut être en danger. Pourquoi n'en serait-il pas ainsi d'une personne identifiée comme au bout de ses ressources psychologiques et en danger de mort ? Ne devrait-il pas y avoir aussi obligation de lui venir en aide ou de chercher du secours auprès de personnes compétentes ? Les services d'urgence ne devraient-ils pas avoir l'obligatiopn de la placer en haut de la liste de leurs priorités ? La détection de ces personnes très souffrantes et en danger de commettre un geste suicidaire n'est cependant pas toujours facile. Il est donc temps de former de plus en plus de gens pour identifier ces personnes et juger du danger de suicide.

Nous avons également vu que la personne qui se suicide présente de nombreux problèmes et ce, à différents plans de sa vie. Cette personne n'entre pas dans la catégorie des gens qui s'adressent spontanément aux services cliniques et elle n'est pas très attrayante non plus pour les professionnels parce que le pronostic est pessimiste. Un effort concerté est souvent nécessaire pour arrêter la trajectoire. Ce défi dépasse les capacités d'un médecin ou d'un psychologue travaillant de façon solitaire. Il dépasse également les capacités d'un adulte vivant dans le même foyer. Au minimum, il y a lieu de construire une concertation étroite entre ces deux niveaux, celui du professionnel et celui de la famille pour mieux coordonner la stratégie. De même, il faut impliquer d'autres personnes qui pourraient délester l'entourage immédiat de son fardeau ou aider le suicidaire à donner une nouvelle tournure à sa vie.

Bibliographie

CHAPITRE 1

Baechler, J. (1975), *Les suicides*, Paris, Calmann-Lévy.

Durkheim, É. (1985), *Le suicide*, Paris, Presses universitaires de France.

Freud, S. (1917), Deuil et mélancolie.

Joiner, T. E. J. (2002), « The Trajectory of Suicidal Behavior over Time », *Suicide and Life-Threatening Behavior*, vol. 32, n° 1, p. 33-41.

Minois, G. (1995), *Histoire du suicide : la société occidentale face à la mort volontaire*, Paris, Fayard.

Pinguet, M. (1984), *La mort volontaire au Japon*, Paris, Gallimard.

Shneidman, E. S. (1996), *The Suicidal Mind*, Oxford, Oxford University Press.

Tousignant, M., S. Seshadri et A. Raj (1998), « Gender and Suicide in India : A Multi-Perspective Approach », *Suicide and Life Threatening Behavior*, vol. 28, n° 1, p. 50-61.

Van Hooff, A. J. L. (2000), « A Historical Perspective on Suicide », dans R. W. Maris, A. L. Berman et M. M. Silverman (dir.), *Comprehensive Textbook of Suicidology*, New York, The Guilford Press, p. 96-123.

CHAPITRE 2

CLAYTON, D. et A. BARCELI (1999), « The Cost of Suicide Mortality in New Brunswick », *Chronic Disease in Canada*, vol. 20, n° 2, 1996, p. 89-95.

HARRIS, E. C. et B. BARRACLOUGH (1997), « Suicide as an Outcome for Mental Disorders », *British Journal of Psychiatry*, n° 170, p. 447-452.

HAWTON, K. (2002), « United Kingdom Legislation on Pack Sizes of Analgesics : Background, Rationale, and Effects on Suicide and Deliberate Self-Harm », *Suicide and Life-Threatening Behavior*, n° 32, p. 223-229

HEALTH CANADA (1994), *Suicide in Canada : Update of the Report of the Task Force on Suicide in Canada*, Ottawa, Health Canada.

LANGLOIS, S. et P. MORRISON (2002), « Suicide Deaths and Suicide Attempts », *Health Reports*, vol. 13, n° 2, p. 9-23

MISHARA, B. L. (2002), « Euthanasia », dans R. KASTENBAUM, J. CUSSMAN, B. L. MISHARA et M. C. KEARL (dir.), *The Encyclopedia of Death*, New York, Macmillan Reference, p. 267-273.

MISHARA, B. L. (1998), « The Right to Die and The Right to Live : Perspectives on Euthanasia and Assisted Suicide », dans A. LEENAARS, M. KRAL, R. DYCK et S. WENCKSTERN (dir.), *Suicide in Canada*, Toronto, University of Toronto Press, p. 441-458.

MISHARA, B. L. et R. KASTENBAUM (1973), « Self-Injurious Behavior and Environmental Change in the Institutionalized Elderly », *Aging and Human Development*, vol. 4, n° 2, p. 133-145.

SANTÉ CANADA (1994), *Le suicide au Canada : Rapport du groupe d'étude sur le suicide au Canada*, Ottawa, Santé Canada.

SANTÉ QUÉBEC, C. BELLEROSE, C. LAVALLÉE, L. CHÉNARD et M. LEVASSEUR (1995), *Et la santé ça va en 1992-1993 ? Rapport de l'Enquête sociale et de santé 1992-1993*, volume 1, Montréal, Ministère de la Santé et des Services sociaux.

SHNEIDMAN, E. S. (1981), « Orientations Toward Death : Subintentioned Death and Indirect Suicide », *Suicide and Life-Threatening Behavior*, vol. 11, n° 4, p. 232-253.

WORLD HEALTH ORGANIZATION (2002), *The World Report on Violence and Health*, Genève, WHO.

CHAPITRE 3

Canetto, S. S. et D. Lester (1998), « Gender, Culture, and Suicidal Behavior », *Transcultural Psychiatry*, vol. 35, n° 2, p. 163-190.

Tousignant, M. (1999), « Le suicide dans les petites sociétés », *Frontières*, vol. 12, n° 1, p. 43-49.

World Health Organization (2002), *The World Report on Violence and Health*, Genève, WHO.

CHAPITRE 4

Ahrens, B. et M. Linden (1996), « Is There a Suicidality Syndrome Independent of Specific Major Psychiatric Disorder ? », *Acta Psychiatrica Scandinavica*, vol. 94, p. 79-86.

Bourgeois, M. L. (2000), « Enquêtes rétrospectives (autopsies psychologiques) dans l'étude du suicide », dans T. Lemperière (dir.), *Dépression et suicide*, Paris, Acanthe, p. 79-102.

Henry, A. F. et J. F. Short (1957), « The Sociology of Suicide », dans E. S. Shneidman et N. L. Farberow (dir.), *Clues to Suicide*, New York, McGraw-Hill, p. 58-69.

Lesage, A, R. Boyer, F. Grunberg *et al.* (1994), « Suicide and Mental Disorders : A Case-Control Study of Young Men », *American Journal of Psychiatry*, n° 151, p. 1063-1068.

Murphy, G. E. (1992), *Suicide in Alcoholism*, New York, Oxford University Press.

Plutchik, R. (2000), « Aggression, Violence, and Suicide », dans R. W. Maris, A. L. Berman et M. M. Silverman (dir.), *Comprehensive Textbook of Suicidology*, New York, The Guilford Press, p. 407-423.

Robins, E. (1981), *The Final Months : A Study of the Lives of 134 Persons who Committed Suicide*, New York, Oxford University Press.

Sheppard, G. (2003), *A Self-Murder Mystery*, Montréal/Kingston, McGill-Queen's University Press.

Tousignant, M. et T. O. Harris (2001), « Le suicide et les tentatives de suicide », dans M. Tousignant et T. O. Harris (dir.), *Événements de vie et psychiatrie : Apport des études du Life Events and Difficulties Schedule*, Paris, Doin.

Tsuang, M. T., J. A. Fleming et J. C. Simpson (1999), « Suicide and Schizophrenia », dans G. Douglas et M. D. Jacobs (dir.) *The Harvard Medical School Guide to Suicide Assessment and Intervention*, San Francisco, Jossey-Bass, p. 287-299.

Wagner, B. M. (1997), « Family Risk Factors for Child and Adolescent Suicidal Behavior », *Psychological Bulletin*, vol. 121, n° 2, p. 246-298.

CHAPITRE 5

Brent, D. (1999), « Age and Sex-Related Risk Factors for Adolescent Suicides », *Journal of the American Academy of Child and Adolescent Psychiatry*, vol. 38, n° 12, p. 1497-1505.

Clark, D. C. et M. Gould (1998), *Youth Suicide Prevention : A National Strategy*, Paper prepared of Advancing the National Strategy for Suicide Prevention : Linking Research and Practice Conference, Reno, Nevada.

Conwell, Y. (1994), « Suicide in Elderly Patients », dans L. S. Schneider *et al.* (dir.), *Diagnosis and Treatment of Depression in Late Life*, Washington (DC), American Psychiatric Press.

Curran, D. (1987), *Adolescent Suicidal Behavior*, New York, Hemisphere.

De Leo, D., W. Padoani et P. Scocco (2001), « Attempted and Completed Suicide in Older Subjects : Results from the WHO/EURO Multicentre Study of Suicidal Behaviour », *International Journal of Geriatric Psychiatry*, n° 16, p. 300-310.

Dyck, R. J., B. L. Mishara et J. White (1998), « Le suicide chez les enfants, les adolescents et les personnes âgées : constatations clés et mesures préconisées », dans *Forum National sur la Santé : Les déterminants de la Santé*, vol. 3, *Le cadre et les enjeux*, Ottawa, Santé Canada, p. 323-390.

Forsell, Y., A. F. Jorm et B. Winblad (1997), « Suicidal Thoughts and Associated Factors in an Elderly Population », *Acta Psychiatrica Scandinavica*, n° 95, p. 108-111.

Garfinkel, B. D., A. Froese et J. Hood (1982), « Suicide Attempts in Children and Adolescents », *American Journal of Psychiatry*, n° 139, p. 1257-1261.

Groholt *et al.* (1997), « Youth Suicide in Norway, 1990-1992 : A Comparison Between Children and Adolescents Completing

Suicide and Age and Gender-Matched Controls », *Suicide and Life-Threatening Behavior*, vol. 27, n° 3, p. 250-263.

McKenzie, T. B. et M. K. Popkin (1990), « Medical Illness and Suicide », dans S. J. Blumenthal et D. J. Kupfer (dir.), *Suicide over the Life Cycle : Risk Factors Assessment, and Treatment of Suicidal Patients*, Washington (DC), American Psychiatric Press.

Mishara, B. L. (2000), « Le suicide et les aînés au Québec : un défi pour l'avenir », *Frontières*, vol. 12, n° 1, p. 33-38.

Mishara, B. L. (1999), « Conceptions of Death and Suicide in Children Aged 6 to 12 and their Implications for Suicide Prevention », *Suicide and Life-Threatening Behavior*, vol. 29, n° 2, p. 105-118.

Mishara, B. L. (1998), « Childhood Conceptions of Death and Suicide : Empirical Investigations and Implications for Suicide Prevention », dans D. De Leo, A. Schmidtke et R. F. W. Diekstra (dir.), *Suicide Prevention : A Holistic Approach*, Dordrecht, Kluwer Academic Publishers, p. 111-120.

Mishara, B. L. et R. Riedel (1994), *Le vieillissement*, 3e édition révisée, Paris, Presses Universitaires de France.

Mishara, B. L. et M. Ystgaard (2000), « Exploring the Potential of Primary Prevention : Evaluation of the Befrienders International *Reaching Young Europe Pilot Pogramme* in Denmark », *crisis*, vol. 21, n° 1, p. 4-7.

Pfeffer, C. R. (1986), *The Suicidal Child*, New York, The Guilford Press.

Pfeffer, C., G. Klerman *et al.* (1991), « Suicidal Children Grow Up : Demographic and Clinical Risk Factors for Sdolescent Suicide Attempts », *Journal of the American Academy of Child and Adolescent Psychiatry*, vol. 30, n° 4, p. 609-616.

Shaffer, D. et M. Gould (2000), « Suicide Prevention in Schools », dans K. Hawton et K. van Heeringen (dir.), *The International Handbook of Suicide and Attempted Suicide*, Baffins Lane (Chichester), John Wiley & Sons, p. 645-660.

Spirito, A., L. Brown, J. Overholser et G. Fritz (1989), « Attempted Suicide in Adolescence : A Review and Critique of the Literature », *Clinical Psychology Review*, n° 9, p. 335-363.

Uncapher, H. et P. A. Arean (2000), « Physicians are Less Willing to Treat Suicidal Ideation in Older Patients », *Journal of American Geriatric Society*, n° 48, p. 188-192.

VASILAS, C. A. et H. G. MORGAN (1994), « Elderly Suicides' Contact with Their General Practitioner Before Death », *International Journal of Geriatric Psychiatry*, n° 9, p. 1008-1009.

CHAPITRE 6

COCHRAN, S. D. et V. M. MAYS (2000), « Lifetime Prevalence of Suicide Symptoms and Affective Disorders Among Men Reporting Same-Sex Sexual Partners : Results from NHANES III », *American Journal of Public Health*, vol. 90, n° 4, p. 73-578

HOULE, J. et I. MARCOUX (2000), « Suicide Pacts », dans R. KASTENBAUM, J. CUSSMAN, B. L. MISHARA et M. C. KEARL (dir.), *The Encyclopedia of Death*, New York, Macmillan Reference, p. 853-856.

KIRMAYER, L. J. (1998), « Suicide among the Inuit of Canada », dans A. LEENAARS (dir.), *Suicide in Canada*, Toronto, University of Toronto Press, p. 189-211.

NOCK, M. K. et P. M. MARZUK (1999), « Murder-Suicide : Phenomenology and Clinical Implications » dans G. Douglas et M. D. JACOBS (dir.), *The Havard Medical School Guide to Suicide Assessment and Intervention*, San Francisco, Jossey-Bass, p. 188-209.

TOUSIGNANT, M. (1999), « Le suicide dans les petites sociétés », *Frontières*, n° 12, p. 43-49.

WEST, D. J. (1967), *Murder Followed by Suicide*, Cambridge, Harvard University Press.

CHAPITRE 7

ASBERG, M., L. TRASKMAN et P. THOREN (1976), « 5-HIAA in the Cerebrospinal Fluid : A Biochemical Suicide Predictor ? », *Archives of General Psychiatry*, n° 33, p. 1193-1197.

Battin, M. P. (1984), « The Concept of Rational Suicide », dans E. S. SHNEIDMAN (dir.), *Death : Current Perspectives*, Palo Alto (CA), Mayfield Publishing Company.

Clark, D. M. (1999), « Autonomy, Rationality and the Wish to Die », *Journal of Medical Ethics*, vol. 25, n° 6, p. 457-462.

Ezzel, C. (2003), « Neurology, Suicides & Suicide Attempts », *Scientific American*, n° 288, p. 45.

GOLDNEY, R. D. (2002), « Suicide : Biology and Genetics », dans R. KASTENBAUM, J. CUSSMAN, B. L. MISHARA et M. C. KEARL (dir.), *The Encyclopedia of Death*, New York, Macmillan Reference, p. 809-811.

GOULD, M. (2001), « Suicide and the Media », *Annals of the New York Academy of Sciences*, n° 932, p. 200-224.

HANSEN, L. C. et C. A. MCALEER (1983-1984), « Terminal Cancer and Suicide : The Health Care Professional's Dilemma », *Omega : The Journal of Death and Dying*, vol. 14, n° 3, p. 241-248.

HENRIKSSON, M. M., E. T. ISOMETSÄ *et al.* (1995), « Mental Disorders in Cancer Suicides », *Journal of Affective Disorders*, n° 36, p. 11-20.

KETY, S. (1986), « Genetic Factors in Suicide » dans A. ROY (dir.), *Suicide*, Baltimore (MD), Williams & Wilkins.

MARIS, R. (1982), « Rational Suicide : An Impoverished Self-Transformation », *Suicide and Life-Threatening Behavior*, vol. 12, n° 1, p. 4-16.

MAYO, D. J. (1983), « Contemporary Philosophical Literature on Suicide : A Review », *Suicide and Life-Threatening Behavior*, vol. 13, n° 4, p. 313-345.

MISHARA, B. L. (1999), « Synthesis of Research and Evidence on Factors Affecting the Desire of Terminally Ill or Seriously Chronically Ill Persons to Hasten Death », *Omega : International Journal on Death and Dying*, vol. 39, n° 1, p. 1-70.

MISHARA, B. L. (1998), « Suicide, Euthanasia and AIDS : Research Findings and Issues », *Crisis*, vol. 19, n° 2, 87-96.

MISHARA, B. L. (1998), « The Right to Die and The Right to Live : Perspectives on Euthanasia and Assisted Suicide », dans A. LEENAARS, M. KRAL, R. DYCK et S. WENCKSTERN (dir.), *Suicide in Canada*, Toronto, University of Toronto Press, p. 441-458.

PHILLIPS, D. P. (1974), « The Influence of Suggestion on Suicide : Substantive and Theoretical Implications of the Werther Effect », *American Sociological Review*, n° 39, p. 340-354.

ROY, A. (2000), « The Genetics of Suicidal Behavior », dans K. HAWTON et K. VAN HEERINGEN (dir.), *The International Handbook of Suicide and Attempted Suicide*, Londres, John Wiley and Sons.

SAINSBURY, P. (1955), *Suicide in London : An Ecological Study*, Londres, Chapman and Hall.

STACK, S. (2000), « Suicide : A 15-Year Review of the Sociological Literature. Part 1, Cultural and Economic Factors », *Suicide and Life-Threatening Behavior*, n° 30, p. 145-162.

STACK, S. (2000), « Media Impact on Suicide : A Quantitative Review of 293 Findings », *Social Sciences Quarterly*, vol. 81, n° 4, p. 975-988.

TRASKMAN-BENDZ, L. et J. J. MANN (2000), « Biological Aspects of Suicidal Behavior » dans K. HAWTON et K. VAN HEERINGEN (dir.), *The International Handbook of Suicide and Attempted Suicide*, Londres, John Wiley and Sons.

VAN HEERINGEN, K. (2003), « The Neurobiology of Suicide and Suicidality », *Canadian Journal of Psychiatry*, vol. 48, n° 5, p. 292-300.

WHITLOCK, F. A. (1986), « Suicide and Physical Illness » dans A. ROY *et al.* (dir.), *Suicide*, Baltimore (MD), Williams & Wilkins.

CHAPITRE 8

GOUVERNEMENT DU QUÉBEC (1998), *Stratégie québécoise d'action face au suicide : S'entraider pour la vie*, Québec, Ministère de la Santé et des Services sociaux.

HAWTON, K. (2002), « United Kingdom Legislation on Pack Sizes of Analgesics : Background, Rationale, and Effects on Suicide and Deliberate Self-Harm », *Suicide and Life-Threatening Behavior*, n° 32, p. 223-229.

MISHARA, B. L. et M. DAIGLE (2000), « Helplines and Crisis Intervention Services : Challenges for the Future », dans D. LESTER (dir.), *Suicide Prevention : Resources for the Millenium*, Philadelphie, Brunner/Mazel, p. 153-171.

MISHARA, B. L. et M. YSTGAARD (2000), « Exploring the Potential of Primary Prevention : Evaluation of the Befrienders International *Reaching Young Europe Pilot Pogramme* in Denmark », CRISIS, vol. 21, n° 1, p. 4-7

MISHARA, B. L. (2003), « Des pratiques novatrices pour la prévention du suicide au Québec : un défi de société », *Santé Mentale au Québec*, vol. 28, n° 1, p. 37-53.

MISHARA, B. L. (2003), « Suicide, Adulthood », dans M. BLOOM et T. GULLOTTA (dir.), *Encyclopedia of Primary Prevention and Health Promotion*, New York, Kluwer Academic/Plenum Publications, p. 1106-1111.

SANTÉ CANADA (1994), *Le suicide au Canada : Rapport du groupe d'étude sur le suicide au Canada*, Ottawa, Santé Canada.

Shaffer, D. et M. Gould (2000), « Suicide Prevention in Schools », dans K. Hawton et K. van Heeringen (dir.), *The International Handbook of Suicide and Attemptded Suicide*, Londres, John Wiley and Sons.

World Health Organization (2001), *Preventing Suicide : A Resource for Primary Health Care Workers*. Geneva, who.

CHAPITRE 9

Battin, M. P. (1994), *The Least Worst Death : Essays on Bioethics on The End of Life*, New York, Oxford University Press.

Gruman, G. J. (1973), « An Historical Introduction to Ideas about Voluntary Euthanasia : With a Bibliographic Survey and Guide for Interdisciplinary Studies », *Omega : Journal of Death and Dying*, vol. 4, n° 2, p. 87-138.

Hume, D. (1929), *An Essay on Suicide*, Yellow Springs (OH), Kahoe & Co.

Kastenbaum, R. (2001), *Death, Society and Human Experience*, 7e édition, Boston, Allyn & Bacon.

Minois, G. (1995), *Histoire du suicide : la société occidentale face à la mort volontaire*, Paris, Fayard.

Mishara, B. L. (1998), « The Right to Die and the Right to Live : Perspectives on Euthanasia and Assisted Suicide », dans A. Leenaars, M. Kral, R. Dyck et S. Wenckstern (dir.), *Suicide In Canada*, Toronto, University of Toronto Press, p. 441-458.

More, T. (1964), *Utopia*, New Haven (CT), Yale University Press.

Saint Augustine (1950), *The City of God*, édité par T. Merton, traduit par M. Dods, New York, Modern Library.

Senate of Canada (1995), *On Life and Death : Report of the Senate Special Committee on Euthanasia and Assisted Suicide*, Ottawa, Minister of Supply and Services (Canada).

CHAPITRE 10

Bowlby, J. (1980), *Attachment and Loss*, vol. 3, *Sadness and Depression*, New York, Basic Books.

Doka, K. J. (1989), « Grief », dans R. Kastenbaum et B. Kastenbaum (dir.), *Encyclopedia of Death*, Phoenix (AZ), The Oryx Press.

Hanus, M. (2004), *Le deuil après suicide*, Paris, Maloine.

Mishara, B. L. et R. Riedel (1994), « Le deuil », dans B. L. Mishara et R. Riedel (dir.), *Le vieillissement*, 3e édition révisée, Paris, Presses Universitaires de France, p. 243-274.

Neimeyer, R. (2001), *Meaning Reconstruction and the Experience of Loss*, Washington (DC), American Psychological Association Press.

Parkes, C. et R. Weiss (1983), *Recovery from Bereavement*, New York, Basic Books.

Rando, T. A. (1993), *Treatment and Complicated Mourning*, Champaign (ILL), Research Press.

CHAPITRE 11

Mishara, B. L. (2003), « Des pratiques novatrices pour la prévention du suicide au Québec : un défi de société » dans *Santé Mentale au Québec*, vol. 28, n° 1, p. 37-53.

Mishara, B. L. et M. Daigle (2000), « Helplines and Crisis Intervention Services : Challenges for the Future », dans D. Lester (dir.), *Suicide Prevention : Resources for the Millenium*, Philadelphie, Brunner/Mazel, p. 153-171.

Table des matières

MARQUIS

Québec, Canada

Achevé d'imprimer le 25 août 2014